## はじめに

　私がまだ中学生だった頃のことです。平日の朝はサッカー部の練習が毎日のようにありました。朝練といっても顧問の先生が指導をするわけではなく、職員室から見下ろせるグラウンドにあるミニゲームの2面のコートを使って部員が勝手にゲームをするというものでした。人数の揃った組からゲームをしていくのですが、毎日そんなに都合よく人数が揃うことはなく、4対4や5対5、6対6のように両方の組が同じ人数になればまだしも、人数の足りない組も出てくるわけです。だからといって他の組から助っ人を借りることはせず、たとえ4対5だろうとゲームを始めてしまいます。

　でもそんなときには「人数の多い組はシュートをワンタッチで打たなければならない」というようなルールが取り決められていたのです。そうすることで互いの組が自分たちで戦い方(戦術) を考えるようになっていき、人数の多い組は数的優位をいかそうとし、人数の少ない組は相手にワンタッチのシュート制限があるため守り方を工夫するようになっていきました。

　いま振り返ってみると、この朝練のミニゲームこそ、本書の研究テーマである"制約主導アプローチによるスモールサイドゲーム"だったのです。けれども当時は、私をはじめチームメイトの誰もが制約の操作などという理論は知りませんでした。その場の数的な状況にあわせてルール(制約) を設けてゲームをやっていただけなのですが、結果として相手の状況に応じた

# サッカー
# スモール
# サイドゲーム
# 研究

**内藤清志**
筑波大学サッカーコーチング論研究室

▶ 課題を制約主導アプローチで
解決するためのトレーニングデザイン入門

SMALL SIDED GAM

KANZEN

試合の進め方を自然に身につけていたのです。

　近年では、様々なサッカーの戦術理論やトレーニングの方法論が提唱されていますが、特に小学生のような小さな子どもに対しては、指導者が理論を応用した言語化によるトレーニングをしてゲームに反映するのではなく、まずはゲームをやらせてみて子どもたちのプレーから指導者が分析をし、子どもたちに身につけさせたい、あるいは子どもたちから引き出したいポイントを見つけ出して、その事象が発生するようなルール（本書では制約と呼びます）を設けたゲームに取り組ませてあげたいと私は考えています。

　戦術を言葉で伝えるのではなく、ゲームの中に戦術のエッセンスを入れておくだけでいいのです。すると私の中学生時代のエピソードのように、子どもたちはゲームの中から学んでいくようになるはずです。だから、あまり頭でっかちにならずに、まずはゲームをやってみましょう！　なぜならば、子どもたちはサッカーのゲームが大好きだからです。

　もちろん子どもたちはサッカーが上手になりたいわけですから、そのためには練習をするしかありません。ただそれだけではなく「子どもたちが最も楽しいと感じるゲームの中で上手にすることはできないのだろうか?」と考えるのが本書の扱うスモールサイドゲームの重点ポイントです。子どもたちは、ドリブル

SMALL SIDED GAMES

やパスの練習のように、サッカーのゲームの中から一部分だけ
を切り取った練習よりもゲームでプレーすることを望んでいる
からです。

　さらにいうと、何の工夫もないゲームだけをやらせるよりも、
指導者が選手をしっかりと観察し、もっと伸ばしたいプレーが
自然と頻発するような条件のゲームにすると、子どもたちはもっ
ともっとサッカーに夢中になるでしょう。具体的に言うと、指
導者がコートのサイズを調整したり、ゴールの方法を考えたり、
子どもたちの成長に必要な要素を引き出せるような制約をゲー
ムの中に作ってあげるのが理想的です。子どもたちからしたら、
ただゲームをやっているだけです。でも、なぜかうまくなって
いく。じつはそのゲームには指導者が綿密に計画して作り上げ
たエッセンスがブレンドされていたというわけです。それこそ
がスモールサイドゲームによる指導なのです。

　本書は、そんなスモールサイドゲームをデザインする（作る）
際のヒントとして指導者の方に活用してもらいたいものです。
手引き書として読み進めてみてください。

内藤清志

# CONTENTS

SMALL SIDED GAMES

## 参考文献

日本サッカー協会（2020）/ JFA サッカー指導教本 2020. 日本サッカー協会

Francesco, S., Salvatore, B., Salvatore, P., Lipoma, M.（2018）/Small-Sided Games and Technical Skills in Soccer Training: Systematic Review and Implications for Sport and Physical Education Practitioners. Journal of Sports Science 6 (2018) 9-19.

Rensaw, I., Davids, K., Newcombe, D., Roberts, W.（2019）/THE CONSTRAINTS —LED APPROACH -Principles for Sports Coaching and Practice Design. Routledge: New York, pp. 10-11

Caso, S., Kamp, J.（2020）/Variability and creativity in small-sided conditioned games among elite soccer players. Psychology of Sport & Exercise 48: 1-7

Craig, P., Alex, T., Carl, P. (2016)/ Goal Format in Small-Sided Soccer Games: Technical Actions and Offensive Scenarios of Prepubescent Players. Sports, 4(4): 53

安藤梢（2018）/ サッカー戦術技能の達成度評価のためのコンピュータ適応型テストの開発. 筑波大学大学院体育科学博士論文.

Almeida, C.H., Duarte, R., Volossovitch. A., Ferreira, A. P.（2016）/Scoring mode and age-related effects on youth soccer teams' defensive performance during small-sided games. Journal of Sports Sciences 34(14):1355-1362.

Almeida, C. H., Ferreira, A. P., Volossovitch, A.（2013）/Offensive Sequences in Youth Soccer: Effects of Experience and Small-Sided Games. Journal of Human Kinetics, 36(1): 97-106.

Dellal, A., Hill-Haas, S.V., Penas, C. L., Wong, A. P., Chamari, K.（2012）/Small-sided games in soccer: amateur vs. professional players' physiological responses, physical and technical analysis. J Strngth Cond Res, 23(9): 2371-81.

島田信幸 / 考える力を身につけるサッカー練習メニュー 100 - 戦術の基本と応用（池田書店）

植田文也 / エコロジカル・アプローチ「教える」と「学ぶ」の価値観が劇的に変わる新しい運動学習の理論と実践（ソル・メディア）

※そのほか、多くの書籍、Web サイトを参考にさせていただいております。

# 序章

スモールサイドゲームの導入

# 序 スモールサイドゲームの導入

## スモールサイドゲームの特徴を知る

　スモールサイドゲーム (以下、SSGs) をひと言で説明すると、ピッチサイズや参加人数の制限、特別なルールなどを設けたゲーム形式のトレーニングということになります。サッカー経験者であれば"ミニゲーム"という言葉で馴染みがあるかもしれません。皆さんが想像されるミニゲームも SSGs の一種であるといえます。

　サッカーにおけるトレーニングの目的は、主に選手個々の能力とチームの機能を向上させることが挙げられます。どのようなトレーニングが効果的なのかというと、ゲームに近い状況でのトレーニングが有効であるとされています (JFA, 2020)。身体的、技術的、戦術的、心理的な要素などは部分的に行うのではなく、現代のゲームにおける様々な要求から、先述したスキルを同時に向上させる必要がある (Franchesco et al., 2018) というのです。

　ゲームに近い状況とは、サッカーの競技性を考えると整理できます。サッカーの試合には"**ボール、ゴール (攻撃方向)、味方、相手、ルール、時間**"が存在します。これらの要素をできるだけ残しながらトレーニングを組み立てていくことが重要だとい

うことです。反対にコーンドリブルや相手のいないシュート練習のようなドリル形式のトレーニングは、ゲームに近い状況とはいえません。試合環境に必要な情報が抜けてしまっているのです。ゲームに近い状況でのトレーニングは試合形式を保ちながら難易度や強度を下げたものになりますので、試合に必要な情報や動作を落とした単純な反復練習とは異なります。

　選手にトレーニングを行う“場の設定”のことをトレーニング・オーガナイズと呼び、ゴール、選手の数、条件（ルール）などを設けますが、優れたオーガナイズとは、取り組むだけで改善したいプレー（現象）が頻発し、選手自ら気付きを与え、良いプレーを発見できるものです（JFA, 2020）。サッカーにおけるトレーニング・オーガナイズの種類は、ゲーム、SSGs、グリッド、ドリル、シャドー、ワンウェイの6つに分類されます。（JFA, 2020）

## ゲーム
　11 対 11 （または8対8）の 試合形式で行い、トレーニングのテーマが改善できたか効果の測定に用いられます。

## SSGs
　11対11 のゲーム形式よりも人数を減らし、ピッチサイズを小さくして行うゲームで、必ずゴールやゴールの代わりとなるものを設けます。また、プレーの4局面（攻撃、守備、攻撃から守備、守備から攻撃）も存在する形となります。

## グリッド
　マーカーやコーン、あるいは線を引いて作られたグリッドの

中に選手が入り、ゴールを設けないで行われるトレーニングです。ゴールがないので、攻撃側の目的はボールを保持すること、守備側の目的はボールを奪うことになります。

## ドリル

相手のいない状況でボールを使って、パス（キック）、ボールコントロール、ドリブルなどのテクニックを繰り返すトレーニングです。

## シャドー

相手のいない状況、あるいは軽いプレッシャーの中で、プレースピードを落として、ある決められたパターンのプレーを確認するトレーニングです。

## ワンウェイ

ゴールを1台設置し、攻撃側と守備側に分かれてプレーをします。攻撃側は攻撃のみ、守備側は守備のみとなり、攻守の切り替えは発生しません。

本書籍では、このトレーニング・オーガナイズにおいて、特にSSGsが育成年代の選手への技術的、身体的、戦術的、心理的側面を複合的にトレーニングできるというメリットがあり、さらには楽しみながらサッカーが上達するのに適しているという点に着目し、その効果や発展の可能性について探っていきます。

## 選手の能力を引き出すトレーニングは
## "制約"を操作して行う

　現在、SSGsについては、さまざまな研究が世界各国で行われています。日本サッカー協会（以下、JFA）も近年SSGsのガイドラインを策定し、特に育成年代では、ひとりのボールタッチ数の増加、ゴール前のシーンが発生する頻度の向上、すべての選手が常にプレーに関わることができる、という観点からSSGsによるサッカーの指導を提唱しています。2003年にU-10の年代に8人制のサッカーを推奨し、2011年からはU-12年代の試合形式が8人制となっています（表1）。

　したがって、いまでは小学生年代で当たり前のように行われている8人制サッカーなどの"少人数制サッカー"もSSGsのひとつというわけです。大人のコートサイズよりも小さいサイズで行われることから"スモールサイド"という言葉が使われていますが、このコートのサイズを調整したり、人数を制限したりというのは、子どもたち（選手）の能力を引き出すための条件であり"制約"と呼ばれる要素になります。

　指導者はこのような制約を自身が担当するチームや選手の能力に合わせて設計するデザイナーの役割を担います。例えば、小学校6年生（U-12）と小学校4年生以下（U-10）を比べたら、見えるものの範囲やボールを扱う技術などが違ってきます。

　小学校6年生のピッチサイズは「タッチラインは68m、ゴー

ルラインは50m」です。このサイズで小学校1年生が8人制サッカーをプレーしたらどうなるでしょう。なかなかゴールにたどり着くことができず、ボールのところにフィールドプレーヤーが集まる"団子サッカー"になってしまったり、シュートを打つことができなかったりということが想像できます。

　もちろん、意図がある中でそのサイズ設定や人数にして行うケースも考えられますが、低学年であれば8人制にこだわらず、もっと少ない人数にして、小さなスペースのピッチを設定するなど制約の操作が必要となるのです。

## 表1　JFA スモールサイドゲーム（SSG）ガイドライン

| | 幼児 | 小学校1・2年生 | 小学校3・4年生 |
|---|---|---|---|
| 人数 | 3対3　GKなし | 4対4　GKなし | 5対5　GKあり |
| ピッチサイズ | 20m×10m | 25m×15m | 35m×25m |
| ゴールサイズ | 幅2m×高さ1m（コーン・バーゴールでも可） | 幅2m×高さ1m（コーン・バーゴールでも可） | 幅3m×高さ2m（フットサルゴール） |
| ペナルティエリア | — | — | 縦6m×横15m（ゴールポストから6m）※ゴールエリアはなし |
| ボール | 3号級（軽量ボールなど） | 3号級 | 4号級 |
| ゲーム時間 | 5分×2 | 5分×2 | 7分×2 |
| 1日最大出場時間 | 30分 | 40分 | 60分 |
| リスタート | ドリブルイン・キックイン | ドリブルイン・キックイン | ドリブルイン・キックインスローインを徐々に導入 |
| 得点後のスタート | ゴールラインから | ゴールラインから | ゴールラインから |
| ゴールキック | ゴールラインからドリブルインまたはキックイン相手から少なくとも3m離れる | ゴールラインからドリブルインまたはキックイン相手から少なくとも3m離れる | ゴールラインからドリブルインまたはキックイン相手から少なくとも3m離れる |
| オフサイド | 適応しない | 適応しない | 適応しない |
| フェアプレー | 促進する | 促進する | 促進する |

## 伝統的アプローチと制約主導アプローチ

このようにSSGsで子どもの能力を引き出すためには "制約" が必要です。"制約" という言葉からは「自由にさせない」というような縛りを感じるかもしれませんが、そういった意味ではありません。子どもに最適なプレー環境を提供するために必要な条件というものになるでしょうか。ゲームで見つかった課題を解消する手段として "制約" を導入することができます。

試合で、ディフェンダーの背後のスペースを狙う動きに課題があったとしましょう。このような場合には、ゲームの設定を "ライン突破" にしてみます。ゴールを置いてしまうと、ロングシュートを狙う選手もでてくるため、背後へのランニング動作を引き出すことができなくなります。

ラインゴールにして、ラグビーのトライのように人とボールが一緒にラインを越えないとゴールが認められないルール設定をするだけで、自然と背後へのランニングが増えるものです。そういう制約（条件）を加えることで現象が変わってきます。

"制約" をつけて運動能力を引き出す指導方法は "制約主導アプローチ" と呼ばれています。エコロジカル・アプローチという運動学習理論のコーチング手法です。"制約主導アプローチ" は、生物行動学や運動学などを研究している米国のカール・M・ニューウェル博士が1986年に発案したものです。

それ以前の指導方法は "伝統的アプローチ" が主流でした。指導者が手本を提示して、言語による指導によって修正するよ

うな指導です。ゴール前のシュート練習であれば、指導者がボールを置く位置やファーストタッチの考え方、あるいは相手の抜き方などを細かく説明して、そのシーンに限定（特化）したトレーニングを行う手法です。

　一方"制約主導アプローチ"は、SSGsの中でコートサイズや人数、ときにはゴール数といった制約を調整しながらトレーニングをしていく手法です。例えば、あまりシュートが決まらなければ、ゲームとして最も重要な得点を競い合うという要素が欠落しています。逆にゴールシーンが多すぎれば、練習としての難易度が不足していると考えられます。その場合は、制約を操作して適当な難易度になるように設定していきます。さらには、子どもたちがゲームの中で成功と失敗が体験できるような、細かいルール設定も含めていくなどして、指導者は子どもたちが繰り広げるSSGsの様子をつぶさに観察しながら、気になるところがあれば、その都度、制約を変更していくわけです。

　"伝統的アプローチ"と"制約主導アプローチ"は実際の試合で対応できる範囲が異なってきます。"伝統的アプローチ"は、試合の中からひとつのシーンだけを切り抜いたトレーニングとなるため、練習と同じシーンが試合で再現されたときには効果的かもしれませんが、状況が変われば対応できなくなる可能性があります。しかし"制約主導アプローチ"であれば、SSGsというゲームの中での取り組みですからバリエーションは豊富です。試合でのさまざまなシーンに対応することでしょう。

## 制約主導アプローチの3つ（環境・課題・個体）の分類

　"制約主導アプローチ"では、文字通り"制約"が重要になってきます。指導者は以下の3つに分類された制約に基づきながら、SSGsのトレーニングをデザインするとよいでしょう。

### ① 環境の制約

　物理的と社会文化的の2つに大きく分類されます。(Rensaw et al., 2010)

- 物理的な制約：グラウンドなどのハード面（土・天然芝・人工芝など）、気温、天候
- 社会文化的な制約：集団の性質や集団の中での役割

　サッカーにおいて、物理的な環境の制約が選手のパフォーマンスに影響することは容易に想像できますが、社会文化的な制約として、所属するクラブやチームのメンバー、また保護者のサポートといったものに関しても影響も受けます。例えばチームのリーダーは、リーダーシップをとるためのスタイルやスキル、信念や態度などがメンバーの心理に良くも悪くも影響を与える可能性があることから社会文化的な制約となるのです。環境の制約については、指導者が操作することは難しいものですが、臨機応変にトレーニングメニューに盛り込むことが求められます。(Rensaw et al., 2010)

## ② 課題の制約

　ピッチの大きさ、人数、ルール、ゴールの台数、ゴールの方法などの制約です。課題の制約を検証した研究結果があります。次のようにゴールの台数や方法を変えた3種類のSSGsを行いパスアクションの比較をしたものです。(Almeida et al 2017)

### 検証のテーマ

　パスのアクションを引き出すことに主眼を置き、シュートへの意識が不要となるラインゴール（ライン突破）の制約が効果を発揮するか、他のゴールの制約と比較し検証する。

### 制約

- ゲーム1：ラインゴール（相手陣地の後方のラインにボールをコントロールしたら得点）
- ゲーム2：ゴールを2台ずつ（計4台）
- ゲーム3：通常のサッカーのようにゴールは1台ずつ

### 結果

　ラインゴール（ゲーム1）では、他のゲームよりもパスの回数が多くみられた。横方向へのパスの回数が多くなり、さらにボールを持っていない選手がより前方でボールを受けようとアクションを起こすようになった。

以上のことから、ラインゴールは、最良の得点チャンスを探索するうえで、戦略を発達させるトレーニングの1つであることが考察されます。前述した通り、トレーニングの課題を変更することで選手のプレーは大きく異なることが証明されたといえるでしょう。

### ③ 個体の制約に関するもの

　身長、体重、年齢、疲労、国籍、熟達度などが例として挙げられます。個体の制約を検証した研究結果もありますので、紹介しておきましょう。(Almeida et al. 2013)

### 検証のテーマ

　熟達度の違いにおける攻撃時のプレーの様子を調べる。

### 制約

- グループ1：経験者だけでSSGs（3対3、6対6＋ゴールキーパー）を行う。
- グループ2：未経験者だけでSSGs（3対3、6対6＋ゴールキーパー）を行う。

### 結果

　この2つのグループの大きな違いは、1回の攻撃でのパス本数の差異であることが考察された。経験者の方が攻撃の連続性

は良くなった。理由としては、1人あたりのボールに触れる機会が未経験者よりも多く、ボールタッチの回数、パスアクションの回数も多いことが挙げられる。

　未経験者の方は得点した際により速い攻撃をする傾向にあった。

　さらに、別の研究において、年代別（U-15, U-17）に熟達度を3つのカテゴリー（低・中・高）に分類した結果が発表されており、前述したSSGsの研究結果（Almeida et al. 2013）と同様に、どの年代でも熟達度の高いグループにおいてボールタッチの数が多いことが認められ、1人ひとりのボールを保持する時間も長いことがわかっています。一方、低年齢（U-15）では、熟達度の低いグループが様々な攻撃パターンを展開し、熟達度の高いグループよりも探索行動が優れていることも示しています。（Mechdo et al. 2020）

## 言語化ではなく制約の設定によって導く

　制約主導アプローチの3つ（環境・課題・個体）の分類の中で、指導者がSSGsのトレーニングを組み立てる際に意識するのは課題の制約が中心となるでしょう。この課題の制約については、制約の設定が正しくできていれば、副産物として、ああしろ、こうしろというようなオーバーコーチングがなくなります。なぜならば、選手が指導者の思惑通りのパフォーマンスを発揮しないのだとすれば、それは選手のせいではなく、制約の設定に誤り（エラー）があることになるからです。

　もしも指導者が選手に対して声を荒げたくなったとすれば、

それは怒るよりも前にトレーニングの設定が適切かどうか、指導者自身が振り返る必要があります。制約の設定がうまくいっている状況では、狙い通りの現象がピッチの上で起きるので「いまの良かったよ!」といった選手の気持ちを高めるもの、あるいは「いまのところじゃないのかな?」というような気づきを促す声かけになり、いずれも選手が前向き（ポジティブ）に受け止めることのできるコーチングになるはずです。

　SSGs は、単にミニゲームとして、コートサイズを狭めて、人数を少なくしただけのゲームではありません。指導者が言葉によって手取り足取り伝えるのではなく、制約の設定を通して、選手が与えられた課題に自らの力で気づくように仕向けることが大切なポイントなのです。

# INTERVIEW

## 特別対談 1

## エコロジカル・アプローチと
## スモールサイドゲーム

## 植田文也×内藤清志

　SSGsを語るうえで欠かすことができないエコロジカル・アプローチ。新しい運動学習理論として、サッカーに限らず、欧州や米国などで各種競技の指導者から注目されている。

　日本におけるエコロジカル・アプローチの研究は植田文也氏が第一人者として知られており、研究者としてだけではなく実際の指導の現場まで幅広く活躍されている。そんな植田氏に、SSGsのデザインに欠かすことのできない制約主導アプローチについて、基本的なことからデザインのヒント、そして指導者としての心得まで語ってもらった。

## 対談 1　エコロジカル・アプローチと スモールサイドゲーム

### 植田文也×内藤清志

初心者のうちからスパイスの利いた
ミニゲームをやる意義がある

---

**植田文也**（うえだ・ふみや）

　1985年10月8日生まれ、北海道出身。早稲田大学スポーツ科学研究科博士課程。ポルト大学では運動学習理論を学ぶ。専攻はエコロジカル・アプローチ、制約主導アプローチ、ディファレンシャルラーニングなどのスキル習得理論。2022年から2023年まで南葛SCのアカデミーコーチングメソッドアドバイザーを務めた。現在は、個人で選手や指導者などのプレーコンサルとして活動している。

---

植田　　内藤さんは、どのような理由からSSGsに特化した書籍を出版されようと思ったのですか？

内藤　　僕は以前より、指導の勉強をしているなかで「サッカーはサッカーでうまくなる」という話を聞いてきました。

専門的なトレーニングを切り取ったり、講義室で理論を詰め込むのではなくて、サッカーというゲームのなかで様々なことを学ぶ必要があるという考え方なのですが、実際に子どもたちの指導の現場に立つときにはよく同じことを感じます。

SSGsに制約というスパイスを加えたら、ピッチの上で起きる現象がどんどん変わるんです。SSGsには、サッカーの大事な要素を含んでいると実感したわけです。ところが指導者の中には、ただミニゲームをやらせているだけの方もいらっしゃるので、もったいないと感じることがあります。

だから、そのスパイスの利かせ方というのをみんなで考えていきましょうという提案ですね。そういうSSGsを広めていくための一助ができればと思ったんです。

**植田** 内藤さんがSSGsに着目されたのはそういう理由でしたか。なるほど面白いテーマですね。

僕は "**エコロジカル・アプローチ（ソル・メディア刊）**" という書籍を出版したときに本の中に、SSGsは分解的なドリルよりも効果がある、ということを書きました。

例えば、ドリブルからシュートまでをひとつのタスクとした場合、スキルを習得するためのドリルトレーニングとして、コーンドリブルや相手のいないシュート練習のように、そのタスクからひとつの部分を取り出して行うことをエコロジカル・アプローチでは、"**タスク分解**" と呼びます。

あるメタ研究では、タスク分解のトレーニングとSSGs

の効果を、様々なボールゲームにて、様々な年代・レベルの参加者を対象に行いましたが、SSGsのほうが効果的であるという結果がでています。特に4か月くらいの期間で比べてみると、その差は歴然となったんですね。取り組んだ期間が長くなるほど、SSGsのほうが試合で使えるスキルを学習できるんです。一方のタスク分解は、一見すると、スキルが身についているように感じますが、実は試合とは別のスキルを学習しているということですね。

内藤　SSGsの先行研究で、そういった結果が発表されているのを読んだことがあります。タスク分解をしたドリル形式のトレーニングでは対峙する相手選手がいないので、試合環境に必要な情報が抜けてしまうわけですが、エコロジカル・アプローチだと、タスクを分解せずに、試合形式を保ちながら制約によって難易度や強度を下げるタスクの単純化によるトレーニングなので、試合に必要な情報や動作を落とす心配がありませんね。

植田　しかもSSGsは初心者に効果があることもわかっています。最初のうちからスパイスの利いたSSGsを学習させられるのは大きいですね。それだけにジュニア年代の公式戦で、もう少しSSGsの要素を取り入れたレギュレーションを考えてもいいのかなと思います。
　　　日本では少人数制のサッカーが導入されたとはいえ、出場機会の少ない子どもがいたり、対戦相手とのレベル差が大きい試合が行われたりしていると耳にします。まだまだ改善しなければならないポイントがたくさんあ

ります。FIFAランキングの上位国は制約を取り入れた
SSGsが整備されていたり、ストリートサッカーのよう
な遊びがその機能を代替しています。

　日本もドイツのフニーニョのようにSSGsを独自に開
発してもいいのではないでしょうか。日本全国にSSGs
導入の流れが生まれて効果が現れれば、優秀なタレント
プールを早くから獲得できますから、日本サッカー界に
与えるインパクトは大きいと思いますね。

内藤　　全国的に統一したSSGsを導入させるのではなくて、
地域ごとに独自の制約でSSGsを作りあげていくのはど
うでしょうか。制約の加え方によって発生する現象は
様々なわけですから、ご当地ラーメンのように地域によっ
て色々な味付けがあっていいわけです（笑）。そして出
来上がった各地域のSSGsを発表する場を設けて、指導
者の熱量を刺激しても面白いのではないでしょうか。

植田　　SSGsはコートサイズの横幅を長くするのか、縦を長
めにとるのか、ゴールをどこに置くのか、あるいは使
うボールも変えることがあります。制約をいじると、チー
ムによって得手不得手がわかってくるわけです。

　どのような制約に対しても適応できる強いチームがい
ないこともないですが、「この制約ならば強いチームに
も勝てる」ということもあります。逆に「このチームは
狭いのが得意だけれど広くなるとダメになる」というの
が見つかります。そういった、いろいろな制約のSSGs
を経験して最終的に穴がなくなるイメージが、プロにな

るような選手には必要なので、子どものうちから様々な
種類のSSGsを与えてほしいのです。


## どこまでがSSGなのか？

内藤　　そもそもの話ですが、植田さんの考えられている
SSGsとは？

植田　　SSGsの定義は実際のゲームで生じる時間的・空間的
困難を調整したゲーム形式の活動ということですが、
より直感的には実際の試合で行われる**"知覚・判断・
実行"** が含まれていればSSGsと言えるでしょう。
　　ただ、「試合に近くなければ」と言うと、「ボールを手
で扱うような制約を設けたらSSGsではないのか」となる
のですが、たとえ手を使ったとしても、サッカー的な要
素がすべて失われるということは絶対にありません。
　　確かに足は使わないけれども、フェイントで相手の逆
をつく動きとか、パスを出すための判断などが必要にな
りますので、そこにサッカーのエッセンス的なものが残っ
ていれば、サッカーのSSGsとして役立つと考えてほし
いですね。
　　年齢の低い子どもであれば難易度の高い足で無理にや
るよりも、手を使うことによってゲームというものを感
じることができると思います。

内藤　　僕の考えも、植田さんのお話に似ているのですが、**"味**

方・相手・攻撃方向・ゴール”が揃っていればSSGsと
言えると考えています。だから、僕のなかでは1対1は
SSGsとは考えにくい。味方がいるというのも判断要素
が生まれるという点でSSGsにとって大事な要素です。

植田　　人数といえば、SSGsのスモールサイドという言葉に
つられて、人数を11人以上にするとSSGsではなくなる
のかと聞かれるのですが、そういうわけではありませ
んよね。

　　僕はエコロジカル・アプローチの書籍をつくるときに
**“タスクの単純化”**や**“タスクの修正”**と訳したのですが、
単純化だと人数は少なくコートは小さくですが、修正と
すればコートは大きく人数も多くというようにも考える
ことができます。

　　以前、高校生を教えていたときには、Aチームは11人、
Bチームは13人で試合をやるとレベル的にちょうど良い
感じでした。しかもBチームの13人のポジショニングに
よっては、Aチームのボールの動かし方をある程度制約
できることにも気がついたんですね。

　　Aチームにとってタスクの単純化ではなくて、タスク
を難しくさせる**“タスクの難化”**によって狙っていた動
きを引き出すことができたのです。

内藤　　昔は小学生のゲームのなかでも、そういったシーンが
結構ありましたよね。例えば3年生対4年生で対戦する
ときに、4年生よりも3年生は人数を多くする。数的劣位
な4年生は工夫をするようになる。まさにそれですよね。

植田　そうですね。相手の人数が多くなるとプレッシャーが厳しくなって良い練習になることがあります。似た例では、僕も高校生のときに大学生と練習試合をして、その後にまた高校生と試合をするとものすごく自分たちがうまくなる感覚がありました。いま考えるとそれもタスクの難化だったのかもしれませんね。

## SSGsでも声かけのコーチングはNGではない

内藤　そのようにSSGsでは指導者が制約の操作によって現象を引き出していくわけですが、その制約を選手が理解していなければならないわけで、選手に言葉でルールを伝える必要があります。

植田　よく「制約主導アプローチではコーチは何も喋ったらいけないの?」と質問されるのですが、SSGsで声かけをしてはダメということはありません。ただ単に、コーチの声かけよりもSSGsでの要求のほうが良い学習材料であると言いたいだけです。フリーズをかけて、ボールの止め方、パスの循環のさせ方、体の向きの作り方を言語的に指導するよりもSSGsの中の環境（敵、味方、スペースなど）がより良いアドバイスをくれるということです。しかし、SSGsは制約だけ設定して、あとはゲームをさせるだけということではないんですよ。制約に関する説明はむしろきっちりしますし、どのような制約にどのように反応したかをしっかり観察しますし、

さきほどのような言語的なアドバイスも "補強的な" フィードバックとして用います。

内藤　僕の指導経験からですが、子どもたちの表情を観察して、ルールの理解度を測ります。子どもによっては、新しいルールにおっかなびっくりになって、なかなかトレーニングに積極的になれないこともあるのですが、「まずはやってみよう!」とチャレンジを促すだけで、最初はあまり介入しないことがあります。

　逆に何も考えなしに、なんとなくやってしまうような子であれば、最初にフリーズなどで複数回アドバイスをしながら進めていき、プレーのなかで気づきを感じられるようになってきたら、だんだんと声かけの回数を減らしていく。そのあたりのコントロールを自分の中で心がけています。徐々に声かけを増やしたほうが楽しくゲームができるというグループと、最初にうまく説明をしながらだんだんと声かけを減らしたほうがいいなと感じるグループと、それはもう本当にまちまちですね。一律にこうというのは自分の中ではしないですね。子どもだけではなくて大人でも同じです。

植田　ルールの説明というのは重要な制約なんですよね。だから制約に関しての説明はちゃんとして、よく理解させる。理解していないままプレーをしていると思ったらプレーを止めることもある。制約に関わることは言い続けますが、制約によって引き出したパフォーマンスに関してはあまり口をだしません。それは本人が

選択したスキルなのでそういうものでいいわけです。

　指導者が肝に銘じてほしいのは、選手はコーチの言語によって学習しているわけではないということです。選手は制約のある環境の中で実際のプレーを通して学習をします。コーチの声かけよりも実際にプレーをすることがより強力な学習ツールになります。コーチの言葉は補助ですよという認識ですね。

## オーガナイズをトレーニングの途中で変えるのは悪いことではない

内藤　ただ、制約主導アプローチのSSGsで制約を設定しても、うまくいかないときがあります。指導者が望む現象がゲームの中で発生しない。

植田　そうです。同じ制約が前回はうまくいったけれど、今回はダメというのもありますね。

内藤　SSGsを1回やったら、その現象がいつも全部出るかというと、そういうことはもちろんない。

植田　SSGsは結構 **"なまもの"** なんですよ（学術的には非線形性という）。よく指導者の方は、トレーニング・オーガナイズのプランをA4くらいのサイズの表にまとめて持っていますが、その日に起こしたい現象に関して考えられる制約をすべて書き加えておくといいと思います。

オプションを用意しておくわけです。

　そして、まずSSGsをやってみて、今日はこの制約は当たらないなとか、あまり反応しないなとなればオプションを追加したり削除したりして、その日に合うような制約に調整していくのがいいと思います。

内藤　指導者が答えを真っすぐに求めすぎないようにするのもいいかもしれませんね。僕もあるのですが、指導者は自分がやらせたいプレー目がけて一直線になってしまうことが多くあります。指導者のほうがそんな簡単にはいかないんだよって頭をまっさらにすることで、指導者の目も研ぎ澄まされて、出てくる現象や子どもたちを見るようになると感じますね。狙った現象が引き出されていないのに、やっているメニューにばかりこだわっている指導者を見ることがあります。

植田　僕も指導してきて思ったのは、例えば、ゲームを始めてからコートサイズをミスしたとか気がついたとすれば、そのまま流さずに、すぐに止めて制約を変えてしまえばいいのです。オーガナイズを途中で変えるのはよくないという意見はあるかもしれないですが、僕は逆だと思います。一発で当たることはほぼない。一筆書きで絵を描こうとせずに、デッサンで絵を描くように、若干の制約操作をしながら仕上げていく。最終的に全体を通したら筋が通っているみたいなものでいい。だから、こまめな制約操作が大事なんですよね。練習が始まってからもどんどん制約操作をすればいいんです。

## トレーニングの背景を知れば
## メニューはいくらでも作ることができる

内藤　そういえば、こんな話もあります。僕が講師を務め
た練習会で、ミニゲームでのフリーマンの有無で議論
になったのです。

　　　狙った現象が全く出ないので、トレーニング後のディ
スカッションで攻撃のほうを数的優位にしても良いので
はないかと提案したのですが、受講生からゲーム形式の
トレーニングにフリーマンを入れるのは反対だという意
見がでました。

　　　理由は「サッカーのゲームではフリーマンが存在する
ことはない」からなのですが、僕が言いたかったのは、
トレーニングで何を大事にするのかということなんです。
僕はフォーマットにこだわるよりも出てくる現象のほう
が大事だと思いました。

植田　そもそもサッカーという競技は、本当によくデザイ
ンされていると思いますが、そうは言っても、誰かが
作り上げたものなんですよ。

　　　少し乱暴な言い方かもしれませんが、既成のデザイン
を書き換えてもいいんだという感覚がコーチの中にあっ
ても悪くない。サッカーという競技の本質を認識してい
れば **"これだけがサッカーだ"** というのではなくて、あ
る程度 **"サッカーっぽい"** ことが試合に残っていれば、
それもサッカーだという感覚ですね。

あとは、その新しいデザインに至った経緯ですね。つまり背景理論がわかっていれば、SSGsのトレーニングは作り出せるんだという感覚を持つことができるはずです。そうすれば既成のやり方にとらわれない指導者がたくさん出てくると思います。これからの指導者には、わくわくするSSGsをつくってほしいですね。

内藤　僕は本書のトレーニングメニューにボールを2つ使ったSSGsを用意したのですが、そのメニューを実際の現場で取り組んだときには、最初に子どもたちを集めて「これはサッカーだけれどサッカーじゃないんだよ」って言うんです。

　「だって、ボールが2個あるんだからね」って。そして「何が起こるのか考えてみよう」と言ってゲームを始めます。すると、子どもたちはゲームが終わってから「こっちのボールでは自分たちが不利だったのに、こっちのボールでは自分たちが有利になっていた」というような話をしてくれます。

　僕は「そうだよね。だから、それはサッカーだけれどサッカーじゃないことによっておこる有利と不利だよね。それはどういうことなのか自分たちで考えてみよう」という感じで子どもたちに投げかけます。コーチから問題提起して、それを選手が解くという手法です。

植田　そういったクリエイティブな、いままで見たことのないような制約も含めてガンガンとSSGsを独自に作っていっていいと思います。冒頭の話にもつながると思

いますが、それは練習だけではなくて、大会のレギュレーションにも言えると思います。

本田圭佑さんが4対4の全国大会をはじめましたよね。あれなんかすごく良い例だと思います。7人や8人、もちろん11人制のサッカーにとらわれる必要はなくて、ああいうSSGsのほうがボールタッチの回数が多かったり、試合の出場機会が増えたり、いろいろなメリットがあります。

そういった既成のサッカーにとらわれない新しいSSGsの大会を指導者たちが自分でどんどん開拓していい。そういえば僕も、エコロジカル・アプローチを習ってから、トレーニングは自分で考えるものだって感じたのを思い出しました。

内藤　そうですね。指導者も既成概念にとらわれない指導で、SSGsを楽しんでもらいたいですね。

植田　とあるスペイン人コーチは、「日本人留学生はトレーニングメニューの質問をしにくる。だけれど、メニューばかりで背景理論は誰も聞いてこない。どうしてこのトレーニングをしたのかを聞く者がひとりもいなかった」と言うんですね。すごく示唆に富んだ話だと思いました。

なぜこのトレーニングをするかをわかっていれば、トレーニングメニューは自分でボンボンと作ることができる。だからメニューを聞きに行くのではなくて背景の理論を聞きにいったほうがいいよねってところですね。

## 他競技から学ぶことはたくさんある

**植田**　クリエイティブにトレーニングを考えるコツですが、自分は他の競技を参考にしました。エコロジカル・アプローチの学習理論はスポーツの種類を問わないんです。

　エコロジカル・アプローチの文献を読んでみると、いろいろな競技がでてきます。ほかの競技のコーチの悩みも書いてあって、とても面白いですね。

　単純な反復トレーニングに陥らないためにどのような工夫をしているのか対策も参考になります。ほかの競技のコーチングを見るのはおすすめです。

**内藤**　僕はバスケットボールのように、ボールを手で扱うスポーツも参考にします。ボールを手で扱うスポーツはボール操作のミスは起こりづらく、戦術的なゲーム形式のトレーニングが多いのです。相手との駆け引きで、数的優位や数的劣位のときにどのような振る舞いをするのかというところに着目したんです。

　バスケットボールのアウトナンバーゲームをサッカーの練習で導入したときには、エリアの制約を考えたり、人数の制約を考えたり、体の状態の制約を考えたりするというイメージが結構あった。それから、サッカー以外の競技の指導者や選手と知り合って話をすると、サッカーの指導にとって有意義な情報を得ることができて面白いというのもありますね。

植田　面白いですよね。サッカーは特性的にSSGsが組みやすい競技だと思うんです。逆にバレーボールなど、ネットが必要不可欠になってしまうといった競技は難しい。ネットがなくても「ボールを放物線に飛ばすために、どうにかして領域やエリアを作るには……」と試行錯誤することはできますが、サッカーは、そこに悩む必要もなくSSGsを作れるので、指導者はどんどんチャレンジしてほしいですね。

内藤　僕もそう思います。とても有意義な時間になりました。ぜひ、読者の方にもエコロジカル・アプローチを改めて読んでいただき、SSGsやトレーニングについても考えていただきたいです。

# 第1章

世界のスモールサイドゲーム

# 1 世界のスモールサイドゲーム

## スモールサイドゲームの特徴を知る

　実際にスモールサイドゲーム（以下、SSGs）を活用したトレーニングに取り組むにあたって、世界各国で行われている代表的なSSGsを参考にすることを提案します。いちからデザインを考えて組み立てていくのは時間と労力を要する作業だからです。

　実績のあるプラットフォームを活用することで、容易に自分のチームに落とし込むことが可能となりますが、そのためには、それぞれのSSGsの特徴を把握しておかなければなりません。

　ここに挙げた国々からは、そのSSGsの特徴に裏打ちされたような選手が育成されているように感じます。やはり、制約がプレー様相に変化をもたらすのではないかと推測できる事象ではないでしょうか。まずは海外の代表的なSSGsを知ることからはじめていきましょう。

## スペシャリストの育成に適したクワトロゲーム

　数字の４を意味する"クワトロ"という言葉の通りに4対4が基本ですが、そこにゴールキーパーも付けた形で行われることが多いものです。古くからオランダで行われており、キッズや小学生などの子どもたちだけではなく、大学生やプロの選手でもコンディションの調整として取り入れることがあります。基本的にオフサイドのルールは設けないのが特徴です。

　コートは**"ダブルボックス"**と呼ばれるペナルティエリア2つ分（縦33m×横40.32m）の横長のサイズになりますが、チームや個人のレベルによって、コートサイズやゴールサイズを調整するとよいでしょう。**(図1)**

**図1** ペナルティエリアを利用したクワトロゲームのコート
（ダブルボックス）

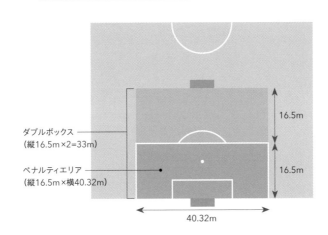

ダブルボックス
（縦16.5m×2＝33m）

ペナルティエリア
（縦16.5m×横40.32m）

16.5m

16.5m

40.32m

4人のフィールドプレーヤーは、深さ（縦）と幅（横）を意識するようなポジションをとるようにします。選手が互いにマークの選手とボールを同一視するためには、攻撃時に相手選手より外側にポジションをとることが基本となるからです。

　センターフォワード（トップ）とセンターバックがいて、2列目の選手はサイドに張ります。**(図2)** ダブルボックスのコートでは動き回るプレーではなく、サイドの選手は相手のサイドの背後をとるようなプレーになりますし、トップやセンターバックは1対1のシーンが中心となります。ゴールキーパーを付けた5対5にすれば、ゴールキーパーとセンターバックでボールを回しながら、サイドやトップにボールを入れるタイミングをうかがうようなことも自然と発生するでしょう。

**図2　幅と深さを意識したクワトロゲームのポジション**

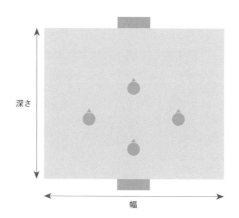

よくあるルールの設定は、初期の段階では、ゴールキーパーのシュートを禁止という“制約”を設けます。ゴールキーパーがシュートを打てるようにすると数的優位な状態になってしまうからです。

　ダブルボックスのコートサイズなので、縦が短く、ほぼゴール前のシーンになります。ゴールキーパーがシュートを打てないことで、フィールドプレーヤーは対面の相手とマンツーマンになるようにして動きではずさないといけないような設定となります。そうすると、相手の背後に入っておいて相手が見ようとした瞬間に顔を出すような動作や、相手の重心の逆をとるような動きで相手をはずしてボールを受けるようなプレーがされるようになってきます。パスの距離がそれほど遠くないので、ボールを受ける選手が相手をはずした瞬間にパスを出すというような、ボールを出すタイミングを掴むには最適です。

　注意したいのは、1対1の状況が連続するクワトロゲームは負荷が高くなるということです。

　ゲーム1本の時間設定は、競技レベルの大人であれば90から120秒です。それでもかなり負荷はかかります。

　子どもであればそこまで負荷はあがらないかもしれませんが、1本の時間を長くするのではなく、4分から5分を目安にレストを入れ、その分本数を増やすようにしましょう。

　ゴール前での局面ですので、シュートが多く飛び交います。負荷を上げたいトレーニングと考えるのであればマルチボールにできるよう、ある程度ボールの個数も必要であると考えられます。

このようなクワトロゲームの特徴から、利点はスペシャリストの育成に向いているということがあげられます。サイドでの1対1であったり、センターフォワードとセンターバックとの勝負であったり、どのポジションであれ1対1の攻防を避けることができないからです。

　その結果、クワトロゲームが盛んなオランダの代表では、古くから優れたプレーヤーが育っています。ウイングのマルク・オーフェルマウスやアリエン・ロッベンをはじめ、ボウデヴィン・ゼンデンはサイドハーフやサイドバックのスペシャリストです。巧みなストライカーであったパトリック・クライファートや世界最高レベルのディフェンダーとして名高いフィルジル・ファン・ダイクなどもあげられます。

## ユーティリティプレーヤーを育てるフニーニョ (FUNnino)

　フニーニョは1990年代にドイツ人のホルスト・ヴァイン氏が開発したSSGsで、ドイツサッカー連盟が導入しているものです。コートのサイズには正式な規格があり、相互のゴールエリアの縦が6メートル、中盤のエリアが10から20メートルの範囲となっています。このミニサイズのピッチの中に4つのゴールを配置して3対3で行うゲームですが、交代メンバーの1人を入れた4人1組で行われることが多いようです。**(図3)**

　フニーニョの特徴である4つのゴール（自チームが攻めるゴール・守るゴールは2つずつ）から、相手の状況によってどちらのゴールに向かう方が利益になるのかの判断が求められます。ボール保持者はもちろんですが、非保持の2人もサポートとして寄って同じ

ゴールを目指すのか、自分をマークしている選手に対してボールのカバーを優先させて内側に絞らせるのか、それともマーク（自分）への対応を優先させて外側に引っ張り出すのかという判断を迫る動きを行います。それがボール非保持の時の駆け引きに繋がるでしょう。またシュートを打つことが禁じられているエリアがあるので、ビルドアップをしてボールをシュートエリアまで運ぶ必要もあります。

　ドイツ国内ではフニーニョの全国大会はありませんが地域のリーグ戦が繰り広げられています。対象年齢はキッズから小学生の中学年（U-10）くらいまでとなり、高学年になると7人制のサッカーへと移行します。

**図3　フニーニョのコートサイズ**

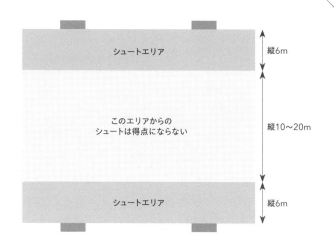

シュートエリア　　縦6m

このエリアからの
シュートは得点にならない　　縦10〜20m

シュートエリア　　縦6m

　ドイツでフニーニョが導入された背景には、ドイツ代表が2000年と04年のUEFA欧州選手権（EURO）の予選リーグで一

度も勝つことなく敗退したことをうけて、この事態を重くみたドイツサッカー連盟が育成年代から改革を進めたことに起因しています。ワールドカップでは1990年のイタリア大会で優勝を果たしたドイツですが低迷期を迎えていたのです。

　かつてドイツ代表といえば、イタリア大会の優勝メンバーであり、世界最高のストッパーと呼ばれたユルゲン・コラーのようながっしりとした体格の良い選手が多かった印象があるでしょう。勝利への執念を燃やすゲルマン魂の強いメンタリティが知られ、ドイツ代表の歴代最多キャップ数を誇るローター・マテウスや泥臭いプレーでゴールを量産し爆撃機の異名をとるゲルト・ミュラーなどが有名でした。

　しかし、急速に進化をしている現代のサッカーでは、強靭なメンタリティだけでは通用しなくなりました。そこでドイツサッカー連盟が育成の改革に取り組むと、やがて2014年のワールドカップ・ブラジル大会で再び優勝するなど、結果として現れるようになりました。このブラジル大会の優勝メンバーであるサイドバックのフィリップ・ラームや司令塔のトニ・クロース、あるいはウィングのトーマス・ミュラーなどは幼少期にフニーニョをプレーして育ってきた世代なのです。


　一方でフニーニョではスペシャリストが育ちにくいという話を耳にすることがあります。例えば2022年のワールドカップ・カタール大会でドイツ代表はフォワード登録の選手がケガや体調不良で離脱したという不運はありましたが、それでもやはり絶対的なエースストライカーの不在はグループリーグ敗退という結果につながっているのではないでしょうか。

　フニーニョは全員が守備と攻撃に参加します。相手を見なが

らポジションをとることは、間違いなくサッカーにおいて大切な要素ですが、もしも1対2という数的劣位の状況でボールを受けてしまったら、すぐにボールを離して安全なプレーを選択するようになります。そういった状況では相手に挑まなくなるのです。

　要は確率の高いプレーを瞬時に判断することが正解となり、困難な状況（例えば数的劣位）でも個の力で打破してしまうというスペシャリストを生みにくいということなのかもしれません。今後、ドイツサッカー連盟が育成年代の強化にどのようなテコ入れをするのか興味深いところです。


　ここで話をドイツ代表からフニーニョのルール設定に戻します。フニーニョでは数的優位な状況を**"制約"**によって作りだして「人数の少ない状況でどのように攻め・そして守るのか」という工夫を考えさせるようなやり方もあります。

　試合開始は3対3で行いますが、ゴールを決められたチームは失点と同時に選手をひとり追加することができるというものです。守備側からすると数的劣位な状況になりますから、自然と守り方の工夫をしなければなりません。これはバスケットボールでは**"アウト・ナンバー・ゲーム"**と呼ばれてトレーニングされるメジャーな手法です。

　バスケットボールの場合は足ではなく手でボールを扱いますから、技術的なものよりも戦術的なミスの方が発生しやすくなります。「この状況でどのように判断すればよいのか?」ということを鍛えるトレーニングで、技術的なミスではなく、判断のエラー（誰が、いつ、どの選手にプレスをかけるべきか）を浮き彫りにすることができます。サッカーでも判断力を養うことを目的とするならば、SSGsとしてアウト・ナンバー・ゲームのルール

を取り入れても面白いかもしれません。

　この得点をしたら人数が追加されるという"**制約**"は少しゲーム的な要素もうまれますから、子どもたちも楽しみながらサッカーをすることができるでしょう。子どもは楽しければ続けます。続けていくうちに自分で工夫してプレーをします。工夫してプレーをすると、確率の高いプレーが何か、そのエリアやその状況で適切なプレーは何か、というのを理解していくのです。ちなみに、フニーニョとは楽しむという"**Fun**"とスペイン語で子どもを意味する"**Nino**"をつないだ造語です。つまり、何よりも子どもがサッカーを楽しむことを大切にしているのはないでしょうか。

## ビルドアップのトレーニングに最適な
## スペインの7人制サッカー

　スペインで行われている7人制サッカーにはオフサイドラインが設定されています。**(図4)** コートのサイズはフルコートを利用すれば2面つくることができるサイズです。

　日本であればフルサイズのコートは縦105m×横68mが大半ですが、スペインはどの町にもサッカーコートがある一方でコートサイズはまちまちですから、大体フルコートを2分割したサイズと考えればよいのではないでしょうか。

　オフサイドラインはゴールラインから12メートルの位置に引かれていて、オフサイドラインを越えるまではオフサイドは適用されないルールになっているのです。その他のルールはサッカーと変わりません。タッチラインを出ればスローインで再開

しますし、コーナーキックもあります。20分ハーフで試合は
進められていきます。

 **7人制サッカーのオフサイドライン**

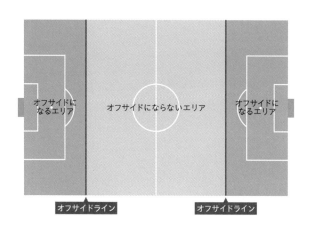

オフサイドに
なるエリア　　　オフサイドにならないエリア　　　オフサイドに
　　　　　　　　　　　　　　　　　　　　　　　　なるエリア

オフサイドライン　　　　　　　　オフサイドライン

　守備側からしたらコンパクトな陣形をとりにくいというもの
です。通常であれば、最初のオフサイドラインはハーフウェイ
ラインになりますが、オフサイドラインは、それよりも低い位
置（守備側からすると）になるからです。守備がコンパクトにして
きたら、相手のフォワードは残って待ち伏せしていればいいの
です。つまり守備側は"**間延び**"した形になりやすいといえ
るでしょう。**(図5)** 攻撃しているフォワードの選手からしたら、
ディフェンダーの背後にポジションをとることができます。
　ビルドアップについては、人数は7人制なので、うしろから
つないでいくと次第にずれが生じます。2-3-1の陣形が主流となっ
ており、中盤の3人の選手のうちサイドの2人は外側に張り出
したプレーをするようになります。そして、うしろの2人（セン

ターバック）が数的優位な状況ですのでビルドアップは容易になります。たとえ、センターバックがミスをしても相手のアタッカーと1対1になりにくいわけです。**(図6)**

### 図5　オフサイドラインによる待ち伏せと間延び

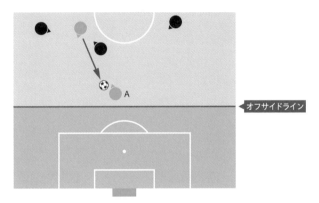

守備（黒色）がコンパクトになると攻撃のAは
オフサイドにならないので待ち伏せることができる。

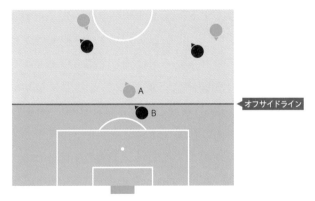

攻撃のAがオフサイドに貼りついているので、
Bはラインを上げることができず間延びしてしまう。

| 図6 | 7人制サッカーのフォーメーション |
|---|---|

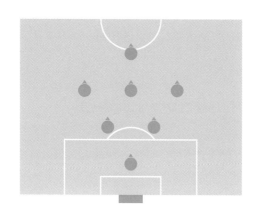

　このオフサイドラインの付いた7人制サッカーでは、オランダのフィルジル・ファン・ダイクのように対人的に強いセンターバックというよりは、自分で持ち上がることのできるビルドアップ能力の高いスペインのパウ・トーレスのようなプレーヤーを生み出しやすい環境といえるかもしれません。

　一方で前述のようにオフサイドラインを意識するため、日本の"**団子サッカー**"のような状態にはならないという利点が考えられる反面、あえていうならば、密集したところから個人技で抜け出すような選手が育ちにくいという点が考えられます。
　スペインでは狭いスペースから広いところに展開したり、サイドに張っていたり、あるいはオフサイドにならない絶妙なポジションで待つなど、組織の一員として対応しなければならないことを理解したサッカーになります。どのようにボールを動

かすか、どこにポジションをとるかなどが重視されます。

　指導者も技術的なミスはあまり指摘せず、「ここに来たらこうする」というようなボールの道筋（基本的な動かし方、ゲームモデルなどと表現される）を指導している印象があります。


## 環境に適応したサロンフットボール

　北米のカナダはアイスホッケーが最も人気のあるメジャーなスポーツです。2007年には、その屋内のアイスホッケー場を利用した6人制のSSGsが生み出され、"カナダ・メジャー・インドア・サッカー・リーグ（以下、CMISL）"なるリーグ戦も行われています。

　なかなか認知度は高まらず苦戦しているようですが、SSGsとして参考になる要素がありますので、ここで取り上げてみましょう。

　コートはアイスホッケー場に人工芝を敷き詰めたものです。ゴールサイズは縦が8フィート（約2.4メートル）で、横が14フィート（約4.2メートル）です。試合時間は15分の4ピリオド制で、ゴールキーパーを含む6人が出場します。選手の交代はフットサルのように自由に入れ替わることができ、また反則はホッケーのように度合いによって退場時間が決められていて、2分または4分間の出場停止というペナルティが課せられます。そして、CMISLの最大の特徴は壁を使うことができるというものです。写真のようにアイスホッケーのリンクは壁で覆われていて、サッカーのようなタッチラインはありませんが、CMISLでもその壁を使った本物の"壁パス"が認められています。

アイスホッケー場

特別対談1

第1章

第2章

第3章

特別対談2

　この壁も使えるというのは、サッカーではあり得ないこと
ですが、CMISLでは育成や戦術的に重要な役目を果たします。
例えばシュートを打つときにゴールを目がけるのではなく、わ
ざとうしろの壁を狙います。ゴールキーパーは当然シュートに
反応しますからボールの方に寄ります。すると攻撃側の選手は、
その跳ね返ったボールを利用してゴールキーパーの逆にシュー
トを打ち込むというわけです。さらに育成で考えれば、3人目
の動きを意識したプレーを心がけるようになるというのが利点
になるでしょう。壁を使って2人目のプレーヤーにパスをしま
す。パスの出し手が1人目で、壁が2人目の役割になりますか
ら、パスの受け手は3人目になります。**(図7、8)** パスの出し手は、
やみくもに壁にボールを当てればいいというわけではなく、受
け手の位置と壁から跳ね返る角度を考慮して、当てる壁の位置
を導き出さなければなりません。**(図9)**

こうした"**壁あり**"のSSGsは、日本より冬場の厳しいドイ
ツでも、冬季には壁を設置した5人制の"ハーレンフースバル"
という競技が行われており、近年では日本も北海道などの降雪
の多い地域を中心に取り入れる動きがあります。

**図7**　**通常のワンツーパスのイメージ**

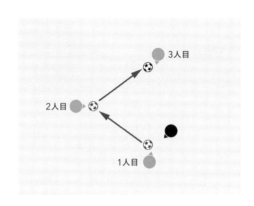

**図8**　**壁ありのワンツーパスの成功例**

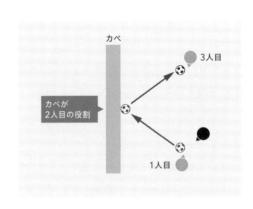

## 図9 　壁ありのワンツーパスの失敗例

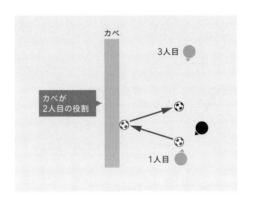

## 創造性豊かなクラッキが輩出されるストリートサッカー

　ストリートサッカーをSSGsと呼ぶのは異色のように感じる
かもしれませんが、ストリートサッカーこそ、SSGsのモデル
としてあらゆる要素が詰まっています。

　サッカーは、ボールが1個あればプレーすることができるこ
とから、ブラジルに限らず、アジア、アフリカ、南米などのい
わゆる"グローバル・サウス"と呼ばれる途上国や新興国でス
トリートサッカーは盛んに行われてきました。サッカーグラウ
ンドがなくても、スパイクがなくても、町の片すみの空地や路
上で、そこら辺に落ちている物を使ってゴールに見立てて、裸
足であろうと構わずにボールを蹴ってきました。子ども同士だ
けではなく、年齢や性別も関係ありません。その場の環境を最
大限に利用してサッカーを楽しんできました。

こうしたあらゆる**“制約(ルール)”**こそが、カール・M・ニューウェル博士が発案した制約主導アプローチの**“3種類の制約(環境・課題・個体)”**に含まれています。**(表1)** だから、まさにストリートサッカーはSSGsと呼べるのではないでしょうか。

| 表1 | 3種類の制約 (環境・課題・個体) | | |
|---|---|---|---|
| 環境制約 | 物理的 | グラウンドなどのハード面(土・天然芝・人工芝など)、気温、天候 | |
| | 社会文化的 | 集団の性質や集団の中での役割 | |
| 課題制約 | | ピッチの大きさ、人数、ルール、ゴールの台数、ゴールの方法など | |
| 個体制約 | | 身長、体重、年齢、疲労、国籍、熟達度など | |

ストリートサッカーであれば、ピッチになるのは舗装のされていないでこぼこな路面でしたし、ボールだって、サイズも適当だったり、空気圧も適正でなかったりということもあるでしょう。大柄の大人を相手にどうやって対峙すればよいのかも考えます。相手のチームのメンバーと初対面であれば、短時間で相手の特徴を知ろうとします。勝つこともあれば負けることもあるでしょう。「ここにこんなすごいヤツがいたのか……」となって自発的に練習をするようにもなるでしょう。ときにはずる賢いプレーもするかもしれません。天才的なクラッキ(名手)は、そんな自然な**“制約”**のある環境が生み出してきたのではないかと思うのです。

ところが近年になって、特にブラジルなどでは治安の悪化が著しく、子どもたちの安全を脅かすことから、サッカーをするためにクラブチームに通う子どもが多くなったと聞きます。近代化が進む都市部も子どもたちが自由に遊ぶことのできる路地裏は少なくなってきました。良い意味で捉えると、子どもたちが守られた環境でサッカーをすることができるようになったと言えますが、日本のようにサッカーが小さい頃からの習い事となってしまい、スポーツが教育と結びついてきたとも言えます。

　当然、スクールに通うとなれば費用が発生しますから、こうした早期の専門化教育を受けることができるのは高所得者の子どもに限られてきますし、サッカースクールではストリートサッカーで得られるようなアスリート能力を育むよりも、スポーツの戦略や戦術に重きが置かれます。ブラジルでは、まさにストリートサッカーで育った世代とスクールで育った世代との分岐点に指しかかっているのかもしれません。

　もはや純粋なストリートサッカーはいまの時代には難しくなっています。だからといって、疑似的なストリートサッカーの環境を作ったところでクラッキが複製されることはないでしょう。ストリートサッカーが生み出すクラッキは、いつもとは違う刺激が生み出す偶然性の産物であるからなのです。

　2026年のワールドカップに向けた南米予選でブラジルが3連敗して4戦も未勝利となり6位になったというニュースが流れ話題になったことがありましたが、そういった結果もまた、育成の環境の変化が影響しているのかもしれません。

## 多種多様なSSGsが揃う日本の環境

　最後に日本のSSGsについても紹介しておきましょう。実は日本には"**人数のタスク制約**"を設けた、多くのSSGsが存在しています。8人制から3人制までの環境が整っているのです。

　どのSSGsにも言えることは、正規の11人制のサッカーに比べて、プレーヤー1人で考えることのできる占有面積（11人制で考えると、68m×105mを22人で割るという計算）は狭くなります。つまり狭く感じるということです。

　その中で重要になってくるのは、体のスピードよりも、正確にボールをコントロールし相手に寄せられる前にパスを出して動くといった技術のスピード、あるいは寄せてきたらパスして動くための情報（パスコースや味方・相手の位置）を事前に把握しておくという頭のスピードであるといえます。

　都心のど真ん中や高速道路を運転すれば、自ずと車の運転技術やどこを見ておくべきかということは鍛えられますが、30分運転していても数台の車としかすれ違わないような田舎道では、そういったことは身につかないことは想像できるでしょう。やはり適切な制約のある環境に入ってしまえば、個体は必ず変化していくということです。

　8人制はJFAのガイドラインにもある"**小学生の少人数制サッカー**"です。**(図10)** U-12では、"**全日本U-12サッカー選手権**"をはじめ、"**ダノンネーションズカップ**"や"**チビリンピックJA全農杯全国小学生選抜サッカー**"などの全国大会が8人制で行われています。

　チビリンピックは、3ピリオドで行われ、第1と第2ピリオド

は選手が全員入れ替えという "**制約**" があります。そのことで
登録された選手全員に出場機会が与えられるというものです。

## 図10　少年サッカー（8人制）のコートサイズ

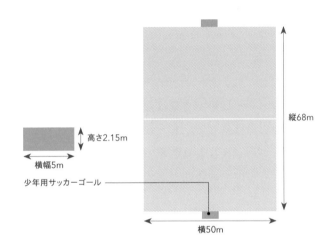

縦68m

高さ2.15m

横幅5m

少年用サッカーゴール

横50m

> **チビリンピックにおける出場選手の制約**

- **試合時間は12分×3ピリオド**（12分-1分-12分-5分-12分）**とする。**
  第3ピリオド開始時のエンドは第1ピリオドと同じとし、中
  間点でエンドを替える

- **第1、第2ピリオド間の選手入替**
  第1ピリオドに出場した選手は第2ピリオドに出場できない
  ため、選手を総入れ替えすること。第3ピリオド及び延長戦
  は制限しない。

7人制のサッカーは"**ソサイチ**"があります。発祥は南米ですが、日本でも一般社団法人日本ソサイチ連盟が中心となって盛り上げています。ソサイチの正式名称は"**FOOTBALL 7 SOCIETY**"です。

　ポルトガル語のSOCIETY（ソサエティ：社会・社交的・共同体）が語源となっています。コートサイズは大人用サッカーコートの半分ほどで、ゴールはジュニアサッカー用のものを使います。**(図11)**

　特徴的なのは、5号サイズのローバウンド球を使うことにあります。このボールは重くて飛ばないため、前線に一気にボールを放り込むことは難しく、しっかりとボールをつなぐプレーが多くなります。一人ひとりのボールタッチ数も増え、シュートシーンやゴール前での攻防が多くなっているようです。

**図11　ソサイチのコートサイズ**

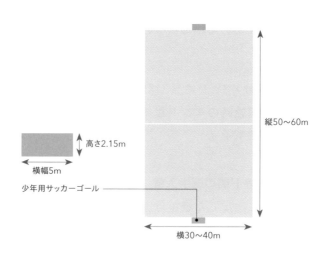

高さ2.15m

横幅5m

少年用サッカーゴール

縦50〜60m

横30〜40m

## ソサイチの主なルール　FOOTBALL 7 SOCIETY LEAGUE HP から一部引用

### ■ コートサイズ

幅30m〜40m×長さ50m〜60mを原則とする

### ■ ゴールサイズ

2.2m×5m（少年用サッカーゴールを利用）

### ■ ボール

5号球 ソサイチボール（空気圧は0.6気圧とする）

### ■ 競技者数

7人

※試合開始時5人で試合成立。試合中3人以下で試合不成立

### ■ 交代

自由な交代

ピッチ内の7人とベンチの交代要員（最大13人）が、交代ゾーン（ハーフラインより原則両側5m）にて、いつでも入れ替わることが出来る。交代要員はビブスを着用し、出場時に交代する選手に脱いだビブスを手渡しする。交代は交代ゾーンから中の選手が出てから、入ることができる。交代ルールが守られない選手は警告となる。

### ■ プレーの再開

・ボールがタッチラインを超えたときはスローインで再開する。

- 守備側がボールをゴールラインから出したときは、コーナースローで再開する。コーナースローからの直接ゴールは認められない。
- 攻撃側がボールをゴールラインから出したときは、ゴールキーパーがペナルティーエリア（PA）内から手で投げて（ゴールクリアランス）再開する。

### ◧ オフサイド

なし

### ◧ ファールカウント

直接フリーキックで罰せられる反則の数を、チーム毎に数えて累積する。アドバンテージもファールカウントされる。各チーム6つ目以降の反則を犯すと、シュートアウトが相手チームに与えられる。（5つ目までは反則のあった場所からの直接FKかPA内の場合はPKで再開する。6つ以降の反則で、PA内の場合は、PKとなる。5つ目でブザーを鳴らす）6つ目以降はアドバンテージをかけず、すべてシュートアウト（PA内はPK）とする。前半分のファールカウントは、後半開始前にリセットされる。

### ◧ GKの違反

インプレー時、GKは自陣では手、足を問わず5秒間しかボールをコントロールできない。保持してから5秒経過すると相手チームに間接フリーキックが与えられる。PA内の場合は、一番近いPA平行ライン上から。PA外はその地点から。

## ■ 秒数制限ルール

- アウトオブプレー時のスローイン・ゴールクリアランス・コーナースロー・フリーキックは5秒以内に行わないと相手ボールとなる。
- スローイン ➡ 相手のスローイン
- ゴールクリアランス ➡ 相手の間接フリーキック
  ※一番近いPAに平行ライン上から
- コーナースロー ➡ 相手GKからのゴールクリアランス
- フリーキック ➡ 相手の間接フリーキック

## ■ コーナースロー

- コーナースロー時：
スローワーはそれぞれの足をゴールラインとタッチラインの外に位置し、コーナーを跨いでいなければならない。
→ 違反時は、相手GKからのゴールクリアランスで再開する。

## ■ 警告2分間退場

- 警告を受けた選手は、直後に控え選手と交代をし、2分間の出場停止となる。プレー再開後から2分後に、審判の許可を得て、再入場が可能となる。
- 控え選手がいない場合でも、2分間の出場停止となる。
- 警告直後のクイックスタートは出来ない、警告選手の交代が完了してから、リスタートする。
- 前半終了間際に警告を受け、前半の間に2分間を消化出来ない場合は、その残り時間を後半に引き継ぐ。

6人制は"**ミニフットボール**"があげられます。ミニフットボールは、2009年に発足した一般社団法人日本ミニフットボール協会が中心となり推進してきました。世界100カ国が加盟する世界ミニフットボール連盟があり、ワールドカップも開催されるなど、欧州を中心に世界的に人気の高いSSGsです。競技は6人制（ゴールキーパーを含む）で開催され、コートサイズとゴールサイズはフットサルのコートよりも大きいサイズとなっていますが、使用球はサッカーの5号球が使われることもあります。狭いエリアで早いテンポでの試合運びが可能であることから、強度の高いトレーニングとなるでしょう。**(図12)**

**図12** **ミニフットボールのコートサイズ**

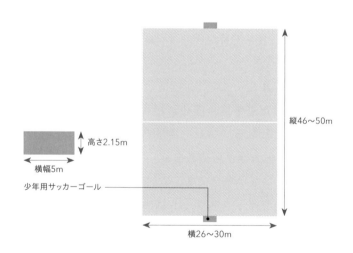

縦46〜50m

高さ2.15m

横幅5m

少年用サッカーゴール

横26〜30m

## ミニフットボール国内ルールより抜粋

### ■ ボール

年代に応じたサッカーボールを使用

※大会施設や年齢によって変更あり。

### ■ キックオフについて

- サッカーと同様にキックオフを行う。
- ボールは、蹴られて明らかに動いたときインプレーとなる。

### ■ アウトオブプレーについて

ボールが、グラウンド上または空中でボール全体がサイドラインおよびゴールラインを越えゴールに入らなかった状況を指す

▷サイドラインを越えた場合（スローイン）

- グラウンド上または空中でボールの全体がサイドラインを越えたとき、最後にボールに触れた競技者の相手競技者に与えられ、スローインにて再開する。
- ゴールラインを越えた場合（ゴールキック）
- ゴールキックは、グラウンド上または空中にかかわらず、最後に攻撃側競技者が触れたボールの全体がゴールラインを越え、得点とならなかったときに与えられる。
- ゴールキックから直接得点することはできない。
- ボールがペナルティエリアから出て、キッカーのゴールに直接入った場合、相手競技者にコーナーキックを与える。

- エリア内にボールを静止した状態から、スタートする。
- いかなる選手も、ペナルティエリア内でボールを受けることはできない。
- ペナルティエリア内でボールに触れた場合は、再度ゴールキックを行う。
- 相手競技者は、ペナルティエリア内に入ることはできない。
- 相手競技者は、ゴールキックから5m以上離れる。
- ペナルティエリアを出たときインプレーとなる。
- 一定時間を超えてもプレーが再開されない場合、遅延とみなす。

▷ ゴールラインを越えた場合（コーナーキック）
- コーナーキックは、グラウンド上または空中にかかわらず、最後に守備側競技者が触れたボールの全体がゴールラインを越え、得点とならなかったときに与えられる。
- 相手チームのゴールに限り、コーナーキックから直接得点することができる。ボールがキッカーのゴールに直接入った場合、相手競技者にコーナーキックが与えられる。
- ボールは、コーナーアークに静止した状態からスタートする。
- キッカーは、インプレーになったボールを他競技者が触る前に再び触ることはできない。
- 相手競技者は、コーナーアークから5m以上離れなければならない。
- 一定時間を超えてもプレーが再開されない場合、遅延とみなす。

## ■ ゴールキーパーについて

▷ ゴールキーパーが自分のペナルティエリア内で、次の反則の
いずれかを犯した場合、間接フリーキックが与えられる：
- ボールを放すまでに、手で6秒を超えてコントロールする。

▷ 次のような状況で、ボールを手で触れた場合：
- ボールを手から放した後、他の競技者がそのボールに触れ
る前
- ボールが味方競技者によって意図的にゴールキーパーにキッ
クされる。
- 味方競技者によってスローインされたボールを直接受ける。

## ■ 選手交代
- 選手交代は、交代ゾーンから選手の交代が可能。
- 競技中の選手が、ピッチ外に出てから、交代選手はピッチ
内に入ることができる。
- プレー中であっても交代は可能。

## ■ 同点の場合のPKについて
- 先攻、後攻をコインにて決める。
- ボールはペナルティーマーク上に静止する。
- ゴールキーパーは、ボールがけられるまで、キッカーに面して、
両ゴールポストの間のゴールライン上にいなければならない。
- トーナメントにてスコアドローの場合、3名でのPK戦を行う。

5人制は"**フットサル**"があります。もはや説明も不要なほど人気のあるSSGsといえるでしょう。フットサルの魅力のひとつは、シュート数が多くゴールが生まれやすいこところにあります。コートのサイズが狭いことから攻守の素早い切り替えがあるので判断力も養われます。**(図13)**また足の裏を使ったプレーやトーキックでのシュートなど、サッカーとは異なった技術的な要素も必要となります。

## フットサル特有のルール（フットサル競技規則から抜粋）

### ■ 使用するボール
　フットサル専用球を使用する

（サッカー4号球と同じサイズのローバウンド球）

### ■ オフサイド
　なし

### ■ 再開方法
　ボールがタッチラインから出た場合はキックインで再開する

### ■ 4秒ルール
　試合をスピーディに運ぶため、次のプレーでは4秒のカウントを取る。4秒を超過した場合は間接フリーキックとなる。
- キックイン
- コーナーキック
- フリーキック

- ゴレイロの自陣でのボール保持時間
- ゴールクリアランス

## ■ 5ファウル

5つ目のファウルの判定を受けたときは、それ以降のファウルのときに10メートルのマークから相手チームの直接フリーキックとなる。ファウル数はハーフタイムにリセットされる。

## ■ バックパス

ゴレイロがボールをプレーしたあとは、相手チームの選手がボールに触れる前に自陣のハーフ内でゴレイロにボールを返すことはできない。ゴレイロがボールに触れた時点で相手チームに間接フリーキックが与えられる。

## 図13 フットサルのコートサイズ

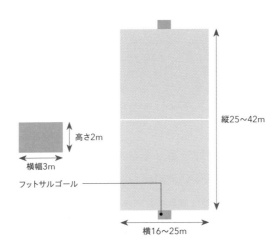

高さ2m

横幅3m

縦25〜42m

フットサルゴール

横16〜25m

4人制になると、本田圭佑氏の考案した"**4v4**"があります。**(図14)** JFAが主催する全国大会のないU-10の年代に向けた大会で、まだキック力がそれほどない10歳以下の子どもたちがプレーに関与するのに最適な人数であることから4人制として、10分の試合時間で、ボール保持者は20秒以内にシュートを打たなければならないという"**制約**"があります。さらに得点にも、ゴールの近く（ペナルティエリア内）であれば3点、ゴールから遠ければ（ペナルティエリア外）2点というような決まりがあり、子どもたちがパスやドリブルを自分の判断で選択できるようになっているのです。

　そして、勝敗の結果は勝ち点ではなく、独自のポイント制となっています。一発勝負で負けたら終わりというものではなく、予選大会には何度でも出場することができ、その結果でポイントを得ることできます。獲得したポイント次第で全国大会への出場も可能というものですから、子どもたちにとって楽しみながらやる気の出る仕組みといえるでしょう。

## 4v4 競技ルールより抜粋

### ■ 大会フォーマット

　大会はリーグとトーナメントから構成され、最終的な順位を決定します。

　リーグで順位が同列であった場合は以下の規定に基づいて相対的な順位付けを行います。

① 勝ち点（勝ち：3点、引き分け：1点、負け：0点）

② 平均得点（予選の全試合の平均得点を算出します）

③ 大会累計獲得ポイント

## ■ 交代

- 各チームは試合中に何度でも選手を交代できます。同一の選手が何度でも入ることが可能です。
- 選手は必ず1人1回以上フィールドに立つ必要があります。
- 交代時、審判への申告は必要なくいつでも交代ができます。ただし、プレーも止まりません。
- 退場者が出た際、控え選手がいる場合は選手の入れ替えによって4対4で試合を継続できます。

## ■ ゴールキーパー（ゴールプレーヤーと呼びます）

- 自陣からのシュートはゴールが認められないため、ゴールプレーヤーは攻撃時フィールドプレーヤーとして前に出ることが可能です。
- フットサル特有のバックパスルールは適用されません。
- インプレー、アウトプレーに関わらず、ゴールプレーヤーによるパントキックによる再開を認めます。

## ■ シュートエリアと得点

- 自陣からのゴールは認められません。
- 相手陣地でのゴールは2点、相手陣地のペナルティエリア内からのゴールは3点とします。
- オウンゴールは2点とします。

## ■ ショットクロック（基本ルール）

- 各チームはボールを保持してから20秒以内にシュートを打つ必要があります。
- 自陣ペナルティエリア内で20秒経過した場合は間接フリー

キックではなく PK とします。（それ以外の場所であれば、そのまま
間接フリーキックで再開）

- 攻守が変わった場合、クロックはリセットします。
- フットサル特有の4秒ルールは適用されません。
- アウトプレー時のショットクロックのカウントダウンは、
  選手がボールをセットし、プレーを開始できる状態になっ
  た段階でスタートしてください。

### ■ シュート時のクロックリセット

- シュートが相手ゴールのポストに当たる、またはキーパー
  が弾いた場合、クロックはリセットされます。
- シュートブロックの際、ブロックした相手選手が2タッチ以
  上した場合はボール所有とみなし、クロックをリセットして
  ください。ただし、最終判断はレフェリーに従うものとします。

### 図14　4v4のコートサイズ

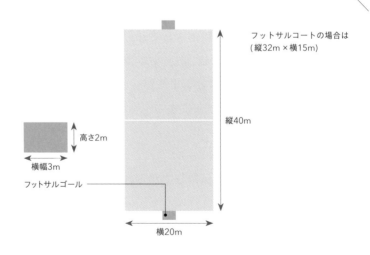

フットサルコートの場合は
(縦32m×横15m)

縦40m

高さ2m

横幅3m

フットサルゴール

横20m

最後は3人制です。一般社団法人3×3 FOOTBALL連盟の主催により、3人制サッカーの日本一決定戦 "**3×3 FOOTBALL CHAMPIONSHIP（スリーバイスリーフットボール チャンピオンシップ）**" を開かれています。

　1試合は3分で行われますが、先に2点を取った組が勝ち残りとなり次のゲームを行います。3分以内で決着がつかなければ得点の上回っている組が勝ちとなり、同点で引き分けた場合や、負けとなったチームは試合の順番待ちに回ります。

　大会の開催時間は各大会によって設定されていますが、例えば120分であれば、その時間内での最多勝利数を競いあうのです。つまり、試合に勝ち続ければ試合数は増えますが、負けてしまえば順番待ちをしないといけなくなるので試合数は減ってしまいますから、必然と勝利数にも影響するところがポイントとなるでしょう。

　コートが狭いことから、ほぼゴール前の攻防となりますので、サッカーにおいて最も重要な「**点を決める・ゴールを守る**」というための技術やアイデアが身に付くことが予想されます。**(図15)** また、3人のうち1人でもサボると相手に大きなチャンスとなりますので、テクニックだけではなくフィジカルも重要になり、またゲーム性もあるSSGsとなっています。

## 3x3 FOOTBALL連盟規定ルールより抜粋

・大会時間内120分での合計勝利数を争う。

・勝利数が同じ場合は該当チームで優勝決定戦 (複数の場合はトーナメント) を行う。

- GKなしの3vs3でゲームスタート。
- 3分ランニングタイム。
- 2点先取したチームが勝利。
- IN or OUT（勝利チームは継続か否かを選べる）
- 3分経過して勝敗が決まらない場合は、得点が上回っているチームが勝利。引き分けの場合、両者敗退。
- 同点で引き分けの両チーム、敗退したチームはコートから退場し、次の順番待ちへ。
- ファウルの基準はコートにいるゲームディレクターのジャッジによって決定。
- 1試合にチームで3ファウルした場合、3回目のファウルから相手チームにPKが与えられる。PKはコートのセンターラインから無人のゴールに向けて行う。
- 同一人物がイエローカードを2枚もらった場合、相手チームにPKが与えられる。
- ゴールを阻止するハンドや決定機を阻止するファウルの場合、相手チームにPKが与えられる。
- 警告は試合毎にリセットされる。
- リスタートはボールから2m離れる。
- タッチラインからのリスタートのボールが誰に触れることもなく直接ゴールへ入った場合、ゴールは認められず、相手ボールとなりタッチラインから試合再開とする。
- ゲーム開始時のキックオフは前の試合から勝ち残っているチームが行う。
- 得点後のキックオフは決められたチームボールで、コート中央から再開する。
- 選手の交代は指定の場所から可能。交代に関して明らかな

違反があった場合は、ファールカウントとなり相手ボールとなる。

• 当日の受付時までに登録したメンバー以外の大会参加が他出場チームからの指摘で発覚した場合、勝利数-5とする。
• 全てのルールはゲームディレクターが決定権を持ってゲームをコントロールする。

 **3×3 FOOTBALLのコートサイズ**

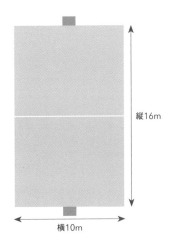

縦16m

横10m

# 第2章

様々なスモールサイドゲームの
オーガナイズ

# 2 様々なスモールサイドゲームのオーガナイズ

　この章まで読み進めてきて、SSGsへの取り組みがとてもハードルの高いもののように感じた方もいるかもしれません。

　SSGsの構築に欠かせない制約主導アプローチには耳慣れない専門的な用語が登場しますし、複雑な内容も伴っています。けれども、SSGsの原型は "ミニゲーム" だということを忘れないでください。

　サッカープレーヤーにとって親しみのある "ミニゲーム" を使ったトレーニングにおいて、言葉（コーチング）による修正をするのではなく、"制約" を操作することで選手が指導者の指示を待たずに、自分の発想や判断によって行動できるような状態にもっていくというシンプルな考えがSSGsです。

　だから、前章までの内容は頭の片すみに置いておくだけで十分です。本章では、これからSSGsをオーガナイズしていくうえで、ページを戻らなくてもすむような作りにしてあります。重複した説明は復習として活用してください。

## 課題となるタスクからSSGsの制約を設定する

　例として、選手がファーストタッチのコントロールに難があ

り、そこを狙われてボールを奪われたり、思ったようにボールを展開できなかったりした場合をあげてみます。

　伝統的なアプローチであれば、ファーストタッチの質をあげるために、ゲームの中からファーストタッチのコントロールの部分を切り抜く**"タスク分解"**を行います。

　図1のように3人一組で3角形になり、各自の手前に相手選手を想定したマーカーやコーンを置いたボール回しなどが一般的ではないでしょうか。指導者は「相手（マーカー）から離れたところでボールをもらおう」とか「蹴りやすい位置にボールを置こう」といった声かけをするでしょう。

　すると選手はボールのコントロールを意識するようにはなりますが、相手選手と仮定したマーカーは動くことがありませんから試合環境とは異なった状況となります。言うまでもありませんが、実際の試合では相手ディフェンダーは動きますから、刻々と変化する状況に対応できなければなりません。

**図1**　**ひとつのシーンだけを切り抜いた
ドリル形式のトレーニング**

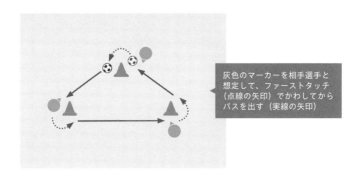

灰色のマーカーを相手選手と想定して、ファーストタッチ（点線の矢印）でかわしてからパスを出す（実線の矢印）

一方、制約主導アプローチによるSSGsは、相手のプレッシャーを緩くするために数的優位にする、あるいはスペースを広く使えようにコートサイズを広げるなど、制約を設けて **"タスクの単純化"** を行います。**(図2)**

　試合環境に近いまま、ゲームの中で引き起こしたい（発生させたい）現象や状況を再現するために制約を設けるわけです。相手選手が少なければ、マークを外す動きをしてプレッシャーの緩い状況を作りだすこともできますし、使えるスペースが広くなれば相手のプレッシャーを気にせずに落ち着いてプレーできるでしょう。

　このように制約主導アプローチによるSSGsは、選手が指導者の指示を待たずに、自分の発想や判断によって行動できる状態にもっていきます。言うなれば **「制約を駆使して自己組織化を促す」** のが制約主導アプローチによるSSGsの大切な部分です。

　ゲームの中で引き起こしたい（発生させたい）現象や状況を、ここでは **"課題となるタスク"** と呼ぶことにしますが、指導者としては課題となるタスクの現象や状況を再現するために、どのような制約の操作をすればよいのか気になるところでしょう。

　そこで、指導者が狙った通りのSSGsのトレーニングを成立するために必要な各種制約を考えてみることにしましょう。なお、本章の後半には、課題となるタスクをオーガナイズした実例をいくつか紹介していますので併せて参考にしてください。

## 図2　課題を再現した実践形式のSSGs

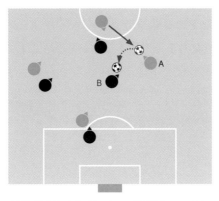

Aは守備（B）からプレッシャーを受けてファースト
タッチのコントロールを慌ててしまいボールを失う。

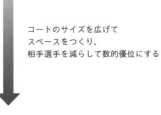

コートのサイズを広げて
スペースをつくり、
相手選手を減らして数的優位にする

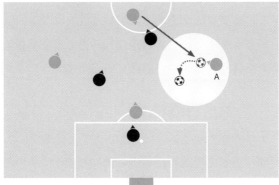

プレッシャーから解放されたAはスペースを使って落ち着いた
ファーストタッチができる。

## 重視したい内容によってサーフェスを選択する

　英語で表面などの意味を持つサーフェスは、グラウンドが土なのか、人工芝なのか、天然芝なのかということです。サーフェスが人工芝であれば、下地が転圧されていますからデコボコがなく整っています。

　芝の高さも均一であることから、イレギュラーなバウンドはしません。ボールが蹴られた時点で、パスを受けるためのタイミングをとりやすく、技能のエラーよりも判断のエラーにフォーカスすることができます。1章で述べたバスケットボールのアウト・ナンバー・ゲームが、技術的なミスよりも判断のエラー（誰が、いつ、どの選手にプレスをかけるべきか）を浮き彫りにするというのと同様な理屈になるでしょう。

　スペインでは、ほとんどのグラウンドに人工芝が敷かれており、ボールコントロールの難しさを排除した環境になっています。そのため戦術的な思考力として、どのようにボールを動かすか、どこにポジションをとるかということにフォーカスを当てることができます。ボールの操作性の難しさを排除して戦術的な思考力を強化する狙いが明確にあるのです。

　天然芝については、以前、私がクロアチアを訪れたときのことです。クロアチアのグラウンドはすべて天然芝でした。当時、それを疑問に感じて現地の指導者に質問したところ、やはり理由があり「**人工芝は決まり切ったバウンドしかしないから大振りになる。天然芝はぎりぎりでバウンドが変わることもあるので、**

**最後までボールを見るから足の振りがシャープになる。だから我々は多少ボコボコでも、あえて天然芝にしているんだ**」という答えが返ってきました。

　さらに天然芝は、キックのときにスパイクを履いた軸足が地面に刺さるので、股関節や内転筋を使ってしっかりとしたボールを蹴るトレーニングにもなるのです。サイドバックの選手が駆け上がってクロスをあげるときなど、この股関節や内転筋の強さが、しっかりとしたボールを放り込むことにつながります。

　スペインとクロアチアの2か国の例だけでも、サーフェスの選択は「**何を重視したトレーニングをするのか?**」によるものだとわかるでしょう。そうはいっても、サーフェスについては自由に選択できるチームはあまりないでしょう。したがって指導者は与えられた環境の特性を理解して、制約に利用できるかを判断したいものです。


## SSGsの人数設定には大きな意味がある

　戦術の観点からSSGsを考えた場合、人数が1対1の状況もゲームとして考えられなくありませんがSSGsとは呼ぶことはできないでしょう。日本サッカー協会（以下、JFA）のとあるライセンスの指導者講習会でも、2対2から戦術を考え始めます。

　2対2のゲームからドリブルとパスという選択肢ができるからです。3対3になるとパスの選択肢も増えます。

　パスの出し手（1人目の選手）からボールを受ける2人目の選手には、リターン（1人目の選手にパスを戻す）なのか、3人目の選手に渡すのかという状況判断が求められます。

整理すると、人数が1人であればドリブル突破しか選択できませんが、2人になるとパスに加えてドリブルという選択ができ、さらに3人ではパスを出すときの選択肢が増えることになります。

　2人のときは線ですが、3人になって初めて面積（三角形）を使った考え方ができるのです。したがって、1対1と2対2の違い、2対2と3対3の違いは大きなものになります。

　もしも、課題となるタスクが"ボールを受ける前に回りを見る"ことであれば、人数の制約を3人以上にすることでSSGsのトレーニングとして成立します。

　人数が4人以上になると状況を判断するための体の向きや適切なポジションといった選手個人の処理できる能力によるところも多くなります。

　まずは3対3から始めて、状況によって人数の制約を操作すれば、3対3のときの動きを暗記させるのではなく、あらゆる状況に対する最適解な動作を得ることができるのではないでしょうか。


## 4ゴールのゲームは守備の練習にはならない

　ロンドのようにパスを通す本数によって得点を与えるというのも一種のSSGsではありますが、本書ではゴールが設定されているものをSSGsとして扱います。

　JFAや多くのサッカーの指導書では、攻撃の目的は"ゴールを奪う"こと、もしくは"ボールを保持する"こととしています。課題となるタスクが"ボールを保持する"ことであればゴールの設定をしないSSGsも考えられますが、選手はゴールが設置してあると、自分たちのプレーに対する答えを得ることができます。

攻撃であれば得点をしたことでプレーの正当性を得ることができます。ボールを扱う技術や選択肢への正しい判断だけではなくて、ゴール期待値（シュートが得点に結びつく可能性）やアシスト期待値（パスが得点に結びつく可能性）のように数値化によって目に見えるのは選手の自信につながる大切なことです。

　ただし、ゴールを設定するうえで注意しなければならないのは、課題となるタスクが達成できていないのに、勢いだけで点が入ってしまう、ゴールが決まってしまう、という場合です。ゴールの大きさであったり、シュートを打つエリアの設定であったり、制約に問題がないか見直してみる必要があります。

　ゴールの置き方としては、通常のようにゴールラインの真ん中に1台設置するのが基本です。ゴールが中央にあると、守備側からすれば外側のエリアは捨てて守ることが考えられます。課題となるタスクが"中央の失点につながる危ないエリアから埋める"ことであれば、クワトロゲームのようにピッチサイズの縦幅を短かくしてゴールを1台だけ中央に置くことで、最終的にボールはゴールを目指して中に入ってきますから、センターバックの選手は慌てずにポジションをとることができます。
　ところが、フニーニョのように2台のゴールを置いた4ゴールのゲームにしてしまうと、守備の選手はポジショニングを見失ってしまいます。1台目のゴールに対しては正しい位置であっても、逆側の2台目のゴールの方にボールをふられてしまえば意味がありません。守備の練習のときは中央にゴールを設置するのが基本です。4ゴールは簡単にいうと、攻撃の判断にフォーカスした練習といえるでしょう。**(図3)**

図3 ゴールの台数による守備の違い

ゴール1台

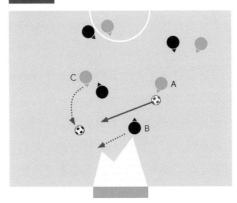

ゴールが1台だとBは適切なポジションをとることができる。仮にCにパスを出されても対応できる。

ゴール2台

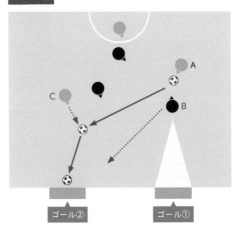

ゴール②　　　　　　ゴール①

Bはゴール①に対しては適切なポジションをとることができるが、AがCにパスを出して②のゴールを狙ったときには対応できない。

## ラインゴール（突破・通過）にすることで、
## マークとカバーリングの距離感を知る

　ゴールの制約として、ゴールを設置しないラインゴール（突破・通過）というのも考えられます。ラインをドリブルで越えたらゴールになるというものです。攻撃側の選手にとっては、横方向の全体がゴールになるため**"離れるサポート"**を覚えられます。なぜなら、近くにいようと離れていようと常に正面がゴールになるため、ボールを受けたらそのまま真っすぐ進んでゴールラインを突破すれば得点になるからです。また、ボール保持者から離れることによって、ボール保持者にスペースを与えることもできます。**(図4)**

### 図4　離れるサポート（使用できるエリアが広い）

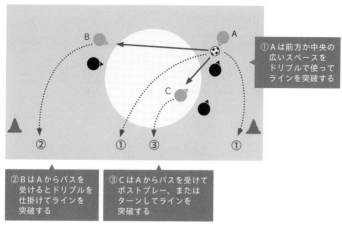

①Aは前方か中央の広いスペースをドリブルで使ってラインを突破する

②BはAからパスを受けるとドリブルを仕掛けてラインを突破する

③CはAからパスを受けてポストプレー、またはターンしてラインを突破する

BがAから離れてサポートしようとした場合は、選択肢が①②③と増えることでチャンスが広がりCも機能するようになる。図にはないがAとBのワンツーもある。

一方でパスを受けるためにボール保持者に寄ってしまうと、自分のマークも一緒に引き連れていくことになります。すると、本来であればボール保持者が使えるはずのスペースが埋められてしまうこともあります。**(図5)**

**図5** **近くでのサポート（使用できるエリアが狭い）**

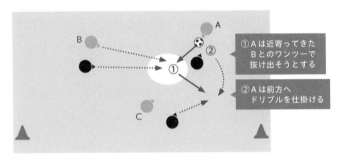

①Aは近寄ってきた
　Bとのワンツーで
　抜け出そうとする

②Aは前方へ
　ドリブルを仕掛ける

BがAに寄ってサポートしようとした場合は、①②の選択肢が考えられるが、どちらもラインを突破（ゴール）するのは難しい。またCが機能しない。

このように周囲の状況によって、離れてサポートするべきか、近くでサポートするべきか、という判断にチャレンジさせたいときには、ゴール前の技術的な難しさが排除されサポートの動きに専念できるラインゴールという制約は適していると考えられます。

守備側の選手にとってもラインゴールはメリットがあります。セカンド・ディフェンダーと表現されるカバーの選手が中へのカバーリングの意識が強すぎると、本来の自分のマークの選手に外側へと逃げられてしまうことがあります。

ゴールの置き位置がゴールラインの真ん中にあれば、結局は
ゴールを決めるためにボールはゴール前に戻って来るので間に
合うかもしれませんが、ラインゴールにはゴールの中央や外側
という概念は存在しませんから、外側であろうと前方を突破さ
れてしまえば得点になってしまいます。したがって守備側の選
手はゴールを決められないために、カバーリングだけでなく、
自分のマークも逃さない適切な距離を見つけなければなりません。

このようなこともあり、ラインゴールでは1対1のシーンが
生まれやすく勝負に負けると突破されて失点につながるため原
因（カバーリングが遅れた、あるいはマークがずれたなど）を特定するこ
とができます。

ラインゴールの制約によって、自分が守れる幅（範囲）を理
解することで、カバーリングやスライドのタイミングも掴むこ
とができるというわけです。

## ゴール前だけではなく、
## さまざまなゾーンでのタスクが課題にできる

サッカーにおいて最重要視されるのが"**ゴール前の攻防**"で
すが、これが課題となるタスクとなった場合、フニーニョやラ
インゴールは前述の理由からプラットフォームとして不向きな
のがわかると思います。

ラインゴールや4ゴールはゴールが中央にありませんので、ピッ
チを3分割した際のミドルサードのイメージになります。**(図6)**
ミドルサードでのチームとしての振る舞いや数的優位や数的劣
位の状況をどう判断するべきかという認識付けに適しています。

図6　サード・オブ・ザ・ピッチ

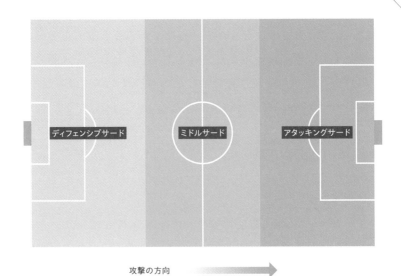

ディフェンシブサード　　ミドルサード　　アタッキングサード

攻撃の方向

　課題となるタスクが"ディフェンシブサードでの守備"であれば、中央のエリアを空けないことが主目的になります。制約として考えられるのは、ゴールキーパーの有無とサッカーゴールのサイズでしょう。

　正規のゴールサイズだと点が入りすぎてしまう場合は、小さいサイズのゴールに変えてゴールキーパーをなしにします。この制約によりシュートを打たれたらゴールに入ってしまうので、守備側の選手は自然と相手との距離を寄せるように詰めていくようになり、ゴールの位置が試合と同じようにゴールラインの中央に置かれているので、ゴールから放射状にボールに向かってポジションをとるようになります。

慣れてくると、ゴールが小さいためシュートコースが限定されることから、ある程度の地点までは攻撃側の選手をフリーにするような現象もでてきますが、そうなるとゴールは守れるけれどボールを奪うことができませんので、制約を変更してゴールのサイズを大きくすることで解消します。

## コートサイズの横幅は相手との距離感、縦はスピード感を調整できる

　SSGsで、コートサイズのプランニングは大切な事柄です。適切なコートのサイズは、選手のレベルによって発生する現象に応じて決まってきます。

　例えば攻撃のシーンで、ボールを保持している自分と相手との距離が1メートルだったとしましょう。自分がその1メートルの距離を怖いと感じるのであれば、相手がその間合いに入ってきたときに、ゴールの方向に向かってパスを出したりドリブルを仕掛けたりできる**"ゴールに対するONの状態"**ではなく、その逆の**"ゴールに対するOFFの状態"**ということになります。こうなると前線で待っている味方の選手も守備側の背後をとるプレーではなく、サポートのために落ちてくるようになってしまい、守備側の圧力が強まるため、攻撃しているのに"攻めている状態"をつくることができません。

　この場合は課題となるタスクが"ゴールに対するONの状態をつくる"ことになります。ゴールの方向にいる相手と正対した状態をつくるためには相手との距離が必要になってくるでしょう。

1メートルまで詰められると怖いと感じるのであれば、コートの横幅を広げます。最初は2メートル程度の距離を維持してボールを受けやすいサイズに設定しておき、克服できるように（ゴールに対するONの状態が頻繁にみられるように）なったら、徐々にコートの幅を狭くしていけばよいわけです。

　また、コートのサイズは、縦（タッチラインの距離）を調整することもできます。距離が長くなる（深さができる）と、攻撃にスピード感が出て迫力が増します。課題となるタスクが"相手の背後をタイミングよく狙う"や"スピードを落とさずに1対1を仕かける"といった場合に縦の距離を調整するとよいでしょう。
　逆に守備においては、縦長のコートで間延びせずにコンパクトな陣形を保つことができるようになると、選手の距離が縮まり密度が高くなることで、相手がゴールに対するONの状態をつくるのを抑止することができます。あえて最初から難しいサイズに設定して能力を上げていく手法もあります。

---

■ **ゴールに対するONの状態：**
　ゴールの方向に向かってパスを出したり、ドリブルを仕かけたりできる

■ **ゴールに対するOFFの状態：**
　ゴールの方向に向かってパスを出したり、ドリブルを仕かけたりできない

---

## エリアの制約を設けることで
## 味方との相互関係が見える

　コートのサイズの設定とともに、エリアの立ち入り制限もSSGsの制約としては、よくとられる手法です。

　子どもたちのサッカーを例にすると、年代があがるにつれて団子状態のサッカーから、各ポジションの役割や動く範囲を意識したサッカーになっていくものです。

　しかしそこで伝統的なアプローチの場合は、指導者がゲーム中にフリーズして言葉での説明をしていくのですが、ゲームではいつも同じような状況が再現されるわけではないため、子どもが混乱してしまうことも少なくありません。

　一方、SSGsの制約主導アプローチでは制約を設けて子どもたちが自然に理解できるような状況を作り出します。一例として課題となるタスクに"ポジショニングを意識する"を掲げて、センターバックは自陣内、フォワードは相手陣内しか動けないといった制約にしてみます。さらにコートの中央にラインを引き、その線を境にして立ち入れるエリアも制限します。左側の選手であれば、真ん中の線よりも左サイドにしか動けないわけですが、縦は自陣内も相手陣内も自由に動くことができます。

　自陣内にはセンターバックの選手がいて、相手陣内にはフォワードの選手がいます。そのように完全に自分ひとりしか動けないエリアは存在させないような、常に自チームの選手と共存することになる制約を設けることで、自分の受け持つエリアを意識しながら味方との相互関係も確認できるようにします。**(図7)**

**図7**　エリアの制約

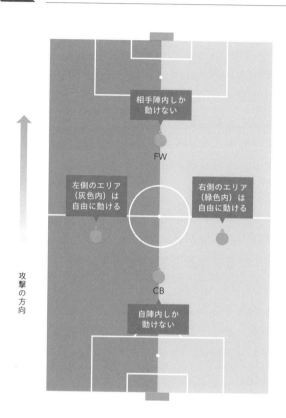

相手陣内しか
動けない

FW

左側のエリア
（灰色内）は
自由に動ける

右側のエリア
（緑色内）は
自由に動ける

攻撃の方向

CB

自陣内しか
動けない

## 選手全員が無駄のないプレーができるように
## タッチ制限を設ける

　タッチ数の制限についてもふれておきましょう。フェイント
やキックなどの技術の無駄をなくすためにタッチ数の制限は有
効です。タッチ数の制限を2回以下にしたとすると、ボールに
2回しかさわれないわけですから、ファーストタッチで狙った

ところにボールを置けないといけません。

　2回以下ですから、ダイレクトでパスをしてもいいわけですが、その場合は事前（ボールを受ける前）にパスを出す目標を正確に捉えておかなければなりません。課題となるタスクに"頭の回転の速さ"や"スピードのある情報収集力の強化"を求めるときに有効となる制約です。

　日本の育成の現場でもタッチ制限のあるトレーニングは広く知られていますが、指導者の頭の中で「何を目的とした制約なのか？」を明確にして取り組んでいないケースをよく見かけます。制約を設けるということは、目的がなければ、**本来は自由であるはずのサッカーを不自由にしているだけ**"になってしまうということに留意したいものです。

　私はタッチ数の制約として"2タッチ以上の連続なし"にすることがあります。これはタッチ数の制限によって技術の無駄をなくすことが狙いではありません。1タッチの連続でボールが回るのはOKですから、常に1タッチのプレーを考えておくとプレーに余裕がうまれます。つまりサッカーにおいて重要な**"予測"**を身につけ、頭のスピードを鍛えるための制約なのです。

　そしてもうひとつ目的があります。もしも1タッチでパスを出す先が見つからず危険な状態に陥りそうになった場合には、2タッチ、3タッチのプレーで回避することができますが、パスの出し手である自分が先に2タッチ以上してしまうと、制約に"連続なし"が付けられているため、パスの受け手はかならず1タッチでボールをさばかなくてはなりません。だから自分は常に1タッチで対応できるようにアンテナを張っておき、2タッ

チ以上は保険と考えられることが大切になってきます。仮に自分が2タッチ以上してしまった場合には、パスの出し先の選手に対してすぐにサポートに入る動きをすることもキーファクターとして忘れてはならない点でしょう。

　要するに、サッカーはチームプレーなので"**味方が余裕を持ってプレーできるようにする**"ということも"**2タッチ以上の連続なし**"というタッチ数制限の目的には含まれるのです。

　最初のうちは、タッチ数の制限に選手たちは戸惑うかもしれませんが、パスの出し手との距離であったり角度だったりを考えながらプレーを工夫すると成功の確率があがってきます。100％うまくいくようにもっていくよりも成功と失敗のバランスが大切です。

　これは私の主観ですが、どちらかというと少し失敗の確率のほうが多い4：6くらいが子どもたちの練習としては適切なのではないかと考えています。あと一歩だけ自分たちが工夫したりがんばったりするとうまくいって6：4になる。そのくらいがちょうどいいのではないでしょうか。成功の確率が多くなって8：2くらいになったら、それは次のトレーニングに移るタイミングです。制約をもう少し難しくします。

　逆に失敗の確率が多くなって2：8とや1：9になったときも、子どもたちの状況や顔色を見てコートのサイズなどの制約を変えてあげる必要があるでしょう。

## 攻撃側のフリーマンの使い方

　このように課題となるタスクに取り組むために各種の制約を設けるわけですが、設定した制約に対して選手のレベルが追いつかない場合がでてきます。

　制約がボール保持者に対して有利なものであれば問題はありませんが、"ダイレクトでしかシュートを打てない"などの制約を設けると成功と失敗のバランスが極端に崩れてしまうことがあります。

　成功の確率が3割を下回っている場合は、攻撃側の選手に技術力があることを前提にすれば、ダイレクトでシュートを打てるようなポジショニングを取れていない、マークがきつくてラストパスが遅れないなどの状況が考えられるでしょう。

　そのようなときには攻撃側にフリーマンを投入して数的優位な状況を作り出すことで成功の確率を4から6割の範囲に収まるようにバランスをとります。

　フリーマンの数は1人とは限らず、また動けるエリアなども決まりはありません。使い方は状況に応じて設定しましょう。

　常に攻撃のプレーヤーになるフリーマンには、パスコースに顔を出して、いつでもボールを受けられるようなポジショニングが要求されます。

　したがってフリーマンの役は、攻撃に特化している選手に与えれば期待通りの効果を発揮してくれるかもしれません。しかしあえて守備型の選手を選んで、ボールを受けるためのトレーニングに役立ててみるのも良いのではないでしょうか。

## 先回りして答えを教えるよりも
## 実体験させることで不安は解消する

　最後は個人制約の感情に含まれる "不安" という要素です。これも私の主観になってしまいますが、さまざまなカテゴリーの選手に関わってきたなかで、プロやトップレベルのサッカー選手は、楽しさと目的が4：4、そして不安が2くらいのバランスがちょうど良いと考えています。

　子どもたちであれば、もう少し不安の割合が少なくなって、楽しさや目的を追求してもらいたいのですが、いまの日本の子どもたちは、圧倒的に不安のバランスが大きくなっているように感じます。いつも不安を抱えながらプレーをしているのかなと思ってしまうのです。

　不安の要因はそれぞれでしょうが、育成年代の指導の現場を見ているとオーバーコーチングが目につきます。指導者からプレーについて先回りをした指示をされて、指導者の意図にそぐわなければ、ミスをしていなくても正しい判断ができていないとされてしまうシーンを見かけることがあります。

　子どもからしたらミスをしたわけではありませんから、何が間違っていたのか理由がわかりません。また、たとえミスだとしても、あれこれと言葉で詰め込まれると子どもの頭は混乱してパンクします。子どもたちに失敗体験は必要なのですが、理解できなければ意味がありません。理由がわからない状態で先に進めば、常に指導者の顔色をうかがうようになり、自分の考えで行動することに不安が募るようになってしまいます。

だから、例えばフリーの選手がいるのにパスを出さないのであれば、「どうしてパスを出さないんだ」とか「違うだろ。ちゃんとまわりを見たのか」と言葉で問い詰めるのではなく、制約として"シュートはダイレクトプレーのみ"のルールを付けたSSGsを行ってほしいのです。味方にパスを出してもゴールを決めることができるということを実際に体験させれば、その子どもも納得するはずです。極端な言い方をすれば、沸騰したヤカンは熱いから触るなと先回りするのではなく、実際に触れてみて熱さを体験することも子どもたちには必要なのです。

　繰り返しになりますが、このように制約主導アプローチのSSGsでは、ルールの設定（制約）次第で成功も失敗も体験させることができます。言葉による指導ではなく、"制約"を操作することで選手が自分の発想や判断によって行動できるような状態にもっていきます。そうすれば、子どもたちの"不安"の割合も自然とさがっていくはずです。

## 💡 Training Menu 01

### 課題となるタスク

さまざまなポジションを学習させながら、より多くボールに触れさせて、選手自身で、シュート、ドリブル、パスの選択ができるようにする。

### オーガナイズ

4対4（フィールドプレーヤー各4人）にラインゴール（突破）のSSGsを行う。コートのサイズは"4V4"(p68)を参考にする。フィールドプレーヤーは動けるエリアを限定するが、数的優位や数的劣位になるようにして、1対1の状況をつくらないようにする。

ゴールを設置すると、最終的にボールは中央のゴールに集まってくるため、CB（センターバック）が1人で対応できてしまう。ラインゴール（突破）にすればサイドに振ることもできるので、MF（ミッドフィールダー）にも守備の意識をもたせることができる。

## 引き出したい動き

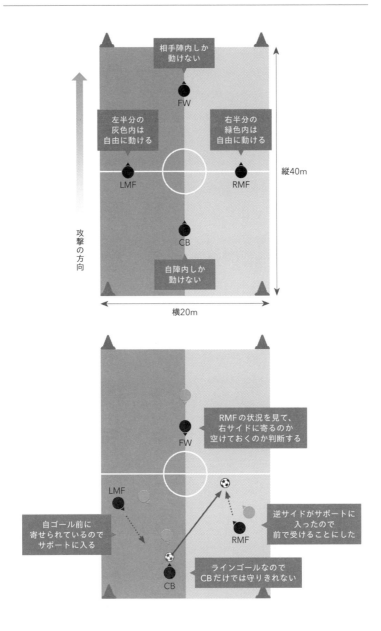

相手陣内しか
動けない

FW

左半分の
灰色内は
自由に動ける

右半分の
緑色内は
自由に動ける

LMF

RMF

縦40m

攻撃の方向

CB

自陣内しか
動けない

横20m

FW

RMFの状況を見て、
右サイドに寄るのか
空けておくのか判断する

LMF

自ゴール前に
寄せられているので
サポートに入る

逆サイドがサポートに
入ったので
前で受けることにした

RMF

ラインゴールなので
CBだけでは守りきれない

CB

## 時間

4分×4ゲーム → ミーティング → 4分×4ゲーム

※1ゲームを4分として、ポジションをローテーションする。
すべてのポジションを経験させるが、対峙する選手がいつ
も同じとならないように入れ替える。


## キーファクター（コーチングのポイント）

・ボールの状況を見て動き方を決めていること。
・ミーティングでは、ゲームで起こった現象についてチー
ム内で話し合いをさせる。このとき指導者は介入しないよ
うにして、選手自身の会話から情報を共有させる。

**Training Menu 02**

## 課題となるタスク

　自陣からボールを回して攻撃を組み立てたいが、相手選手の
プレッシャーを感じてしまい、雑なプレーや適切な判断が行え
ない場合が多い。ビルドアップの基本をマスターして落ち着い
てビルドアップできるようにする。

## オーガナイズ

　ピッチは、スペインの7人制サッカーのオフサイドラインの
要領で"**ビルドアップライン**"を設ける。

　ゴールキーパーからボールを受けた選手が一人で持ち上がる
のではなく、ビルドアップラインよりも後方で味方との間でボー
ルを動かしながら相手の様子をうかがう。ビルドアップライン
を突破するタイミングは、相手選手のスライドが間に合わなく
なった（ボールの動きに追いつけない）とき。

　低学年など初めてビルドアップに取り組むときは、"ビルドアッ
プ"という言葉は使って理解させようとせずに、ルールとして
ビルドアップの優先順位だけを伝える。大人の考えるビルドアッ
プという形になるように制約でルールを決めれば、自然にビル
ドアップが身についていく。

### ビルドアップラインの優先順位

① 前にボールを持ち出せる状況になっていれば縦にパスを出す

② 前にボールを持ち出せない状況であれば横にパスを出して相手の様子を見る

## 引き出したい動き

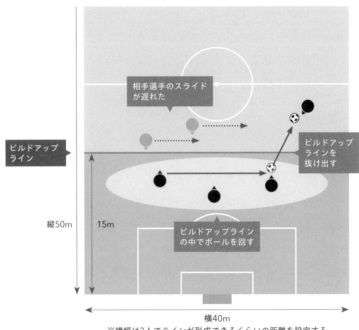

相手選手のスライドが遅れた

ビルドアップライン

ビルドアップラインを抜け出す

縦50m

15m

ビルドアップラインの中でボールを回す

横40m

※横幅は3人でラインが形成できるくらいの距離を設定する

ビルドアップラインを突破するタイミングは、相手選手のスライドが間に合わなくなった（ボールの動きに追いつけない）とき。

## 時間

　ゲームに近い形式であるため、実際のゲーム時間を設定しても問題はないが、現象を引き出せなかったときにフリーズさせてコーチングをしてしまうことが考えられる。制約主導アプローチは、フリーズによるコーチングはしないことが基本であるため、短い時間で繰り返し行い、ゲーム間のインターバルで選手だけのミーティングをさせ、互いに感じた事柄を共有するようにもっていく。狙い通りになってきたら時間を延ばせばよい。

▷例：4〜5分 → ミーティング → 4〜5分

## キーファクター（コーチングのポイント）

- 相手のスライドを遅らせるには、横へのパスの質をあげること（パススピードや横方向へのターンがスムーズであること）。
- ビルドアップ時にパスを受ける選手はボールが来る前に自分の前の状況を把握していること。ビルドアップラインの制約があると、最初に横方向にパスを出すことから考えてしまいがちだが、前にボールを持ち出せる状況であれば横パスでボールを回す必要はないということを思い返させる。

# Training Menu 03

## 課題となるタスク

守備のときのカバーリングとスライドを意識する。

## オーガナイズ

　横長のピッチサイズでラインゴールによるSSGsを行う。人数は3対3とし、守備側にカバーとスライドの選択ができる状況をつくる。人数を多くしてしまうとディフェンス時のスライドの遅れに気がつきにくいため少人数を基本とする。

## 引き出したい動き

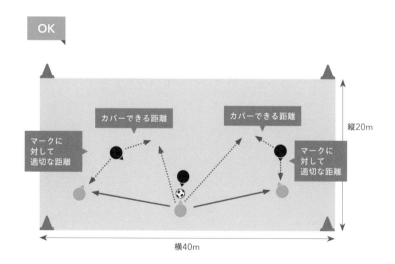

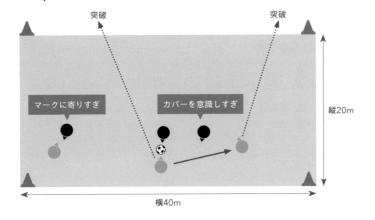

## 時間

4〜5分（短い時間で繰り返し行う）

※攻守は入れ替えること


## キーファクター（コーチングのポイント）

チャレンジ・アンド・カバーのポジションがとれること。

• カバーのポジションをとりすぎると、ライン突破なので、パスに切り替えられたとき突破を許してしまう。

• 自分のマークばかり意識してカバーをおろそかにすると、味方が突破されてしまったときにカバーが間に合わなくなる。

## Training Menu 04

### 課題となるタスク

　能力の高い選手にばかりボールが集まらないようにする。ゲームに参加しているすべての選手がボールを持てる機会を増やす。

### オーガナイズ

　フットサルコートのサイズで6対6のSSGsを行う。

　技術力のある上手な選手は自分ひとりでプレーを完結しようとすることが多いので、ルールを"シュートは1タッチのみ"として、選手ひとりではプレーが完結できないようにする。

　なお、ゴールキーパーは付けずに、小さい簡易用のゴールを設置する。ゴールキーパーを付けるとゴールのサイズは自然と大きくなる。目標物が大きくなるとボールを持った選手はゴールを狙うことに目を奪われる。もちろんサッカーではそれが正解なのだが、このSSGsでは"コースを狙ってゴールを決める"ための動作を引き出したいわけではない。"仲間との連携したプレーを意識させたい"のでゴールに制約を設ける。

## 引き出したい動き

持ち運びができるような
小さいゴールにする

　味方選手とのワンツーによって抜け出して1タッチでシュートを打ったので得点となる。

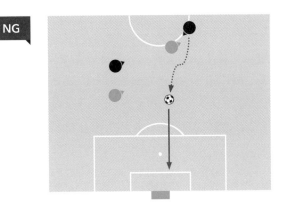

　シュートは1タッチでのプレーに限られるため、パスを出さずに自分で持ち上がりシュートを打っても得点にならない。

## 時間

　ゲームに近い形式であるため、実際のゲーム時間を設定して
も問題はないが、現象を引き出せなかったときにフリーズさせ
てコーチングをしてしまうことが考えられる。制約主導アプロー
チは、フリーズによるコーチングはしないことが基本であるた
め、短い時間で繰り返し行い、ゲーム間のインターバルで選手
だけのミーティングをさせ、互いに感じた事柄を共有するよう
にもっていく。狙い通りになってきたら時間を延ばせばよい。
▷例：4〜5分 → ミーティング → 4〜5分


## キーファクター（コーチングのポイント）

　いわゆる"上手な子"と言われるようなテクニックのある選
手で、相手からボールを奪う技術も持ち合わせている場合には、
"シュートは1タッチプレーのみ"の制約を付けると、パスの
出し手となる機会が多くなる。
　選手自身に「どうしたら得点をすることができるのか?」と
考えさせて、例えば「リターンを受けることで得点の機会が得
られるのでポジショニングを考える」というようにボールを持っ
ていないときの意図的なプレーを引き出したときに評価する。

# Training Menu 05

## 課題となるタスク

　小学生（特に低学年）のヘディングは脳へ与えるダメージが懸念されるので、ヘディングが必要とならないような"制約"を設ける。

## オーガナイズ

　身長よりも高いボールの浮き球は禁止にして、ヘディングの回避と同時にパスコースをつくることをテーマにする。

　数的同数だとパスコースがつくれないのであれば、フリーマンの投入によって数的優位な状況にして選択肢（パスコース）を増やす。フリーマンの数はレベルに合わせて調整する。

　なお、ゴールキーパーは付けずに、ラインゴールにするか、小さい簡易用のゴールを設置する。ゴールキーパーを付けると、自然とゴールサイズは大きくなる。目標物が大きくなるとゴールを目がけた浮き球を放り込むシーンが増えると想定される。もちろんサッカーでは問題のないプレーであるが、このSSGsではボールを浮かせないようにすることが必要になってくるためゴールに制約を設けることで抑止する。

## 引き出したい動き

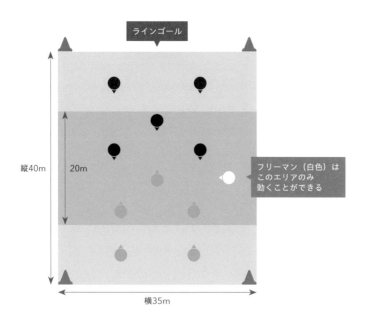

ラインゴール

縦40m

20m

横35m

フリーマン（白色）は
このエリアのみ
動くことができる

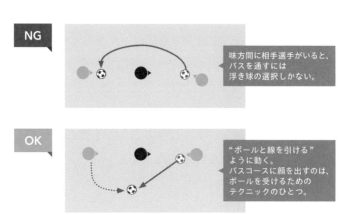

NG

味方間に相手選手がいると、
パスを通すには
浮き球の選択しかない。

OK

"ボールと線を引ける"
ように動く。
パスコースに顔を出すのは、
ボールを受けるための
テクニックのひとつ。

## 時間

　ゲームに近い形式であるため、実際のゲーム時間を設定しても問題はないが、現象を引き出せなかったときにフリーズさせてコーチングをしてしまうことが考えられる。制約主導アプローチは、フリーズによるコーチングはしないことが基本であるため、短い時間で繰り返し行い、ゲーム間のインターバルで選手だけのミーティングをさせ、互いに感じた事柄を共有するようにもっていく。狙い通りになってきたら時間を延ばせばよい。
▷例：4〜5分 → ミーティング → 4〜5分

## キーファクター（コーチングのポイント）

　選手にルールを説明する際に、ただ「ヘディングはダメ！」というのではなく「浮き球よりもグラウンダーのボールの方がコントロールをしやすい」という話をして、どうしたら「ボールを浮かさないでもいいようになるのか?」ということを考えながらプレーをさせ"ボールと線を引く"ためのパスコースに顔を出す動きを引き出す。

## Training Menu 06

### 課題となるタスク

　ゴールキーパーのフィードからボールを失わないように、状況判断を求められるような“制約”を設ける。

### オーガナイズ

　守備側はフィールドプレーヤーを4人、ゴールキーパーを1人の計5人、攻撃側はフィールドプレーヤーを3人とした変則的なSSGsを行う。スタート時はゴールキーパーにボールを持たせるが、フィールドの状況を見えない状態（センターサークルに背を向けるなど）にしておき、コーチの合図とともに振り返ったら（センターサークルのほうを向く）、素早くボールをスロー、またはパントキックでリリースする。

　ゴールキーパーからのボールを受けた選手は、パスをつなぐ、あるいはドリブルを仕掛けるなど状況によって判断してラインゴール（突破）を目指す。ボールを失ったり、ライン突破に成功した場合は、ゴールキーパーにボールを戻して、再度スタートする。

## 引き出したい動き

局面②

局面①

　ボールを持ったGKがセンターサークルに背を向けた状態で
スタート。コーチの合図で振り向いたGKは、自チームに有利
なポイントに素早くボールをリリースする。この図の場合は、
局面②のほうが数的優位な状況になっている。

## 時間

　ゲームというよりはトレーニングに近い形なので、15分1本などの時間を設定するのではなく、ライン突破に成功したら攻撃継続、インターセプトされたら攻守の入れ替えというような設定にする。

## キーファクター（コーチングのポイント）

▷ゴールキーパーに数的優位な状況を理解させて、ボールのリリース先が自チームにとって有利な状態になるような判断を意識させる。

▷バリエーションとして、ゴールキーパーからのスタート時に手ではなく足元にボールを置いた状態から始める。コーチの合図によってワンタッチで振り向くが、その際にボールの置き位置が重要になることを気づかせる。

　• ボールが足元に入りすぎていると局面②へのキックが難しくなってしまう。

　• ボールにタッチしてから判断に迷っていると、相手に寄せられてしまう。

　• どこにでもすぐに蹴られる場所にボールを置いていること。

**Training Menu 07**

## 課題となるタスク

　自チームがボールを失ったとき、すぐにボールを奪い返す。自チームがボールを保持しているときから、ボールを失った場合を想定した動きやポジショニングができるようにする。

## オーガナイズ

　3対1から3対5へと変化するSSGsを行う。

　スタートは3対1の状態で3人組（B）がボールを保持して、1人のディフェンス役（A）にボールを奪われないようにする。ディフェンス役はボールを奪ったら、外側のエリアにいる4人（C）にパスを出す。この段階で3対5のSSGsへと変化し、エリアも中側に限定されず外側まで自由に使えるようになる。

　ゴールキーパーを付けたゴールを2台用意するが、ボールを奪い返した3人組はどちらのゴールを狙ってもよい。

## 引き出したい動き

### ■ 攻撃側

・攻撃のBは、ボールを失ったときに外側のエリアにパスが出されることを想定して、外側の相手（C）の位置を常に確認していること。

## ■ 守備側

- 守備のAは、周りの状況を観察し、ボール奪取後に外側のどの味方（C）にパスを出すか考えていること。
- 守備のCは、攻撃側（B）のパスミスに対応したポジションをとれていること。
- 守備のCは、味方のAがボールを奪ったときに広いスペースでパスを受けられること。

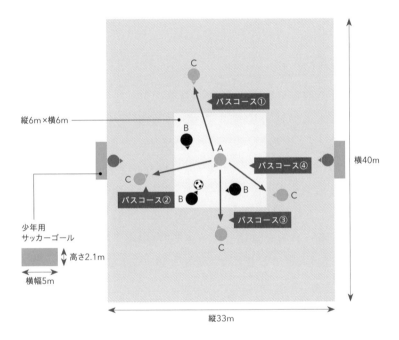

## ■ コートサイズ

- 外側のエリアは "ダブルボックス" と呼ばれるペナルティエリア2つ分（縦33メートル×横40メートル）のサイズ
- 中央のエリアは正方形（縦6メートル×横6メートル）

## 時間

　ゲームというよりはトレーニングに近い形なので、ゲーム時間を15分にして、攻撃側がゴールを決めたら1点、守備側が5対3の局面になってから20本のパスをつないだら1点というような設定にする。

## キーファクター（コーチングのポイント）

- 変化する局面（攻撃 → 攻撃から守備への切り替え→ 守備 → 守備から攻撃への切り替え）に対応できること。
- 3人組（B）はボールを回しているときに、パスを受けるためのポジションどりをしながら、外側にいる4人のポジショニングを意識しておき、ボールを失ったとき、素早く守備へと切り替えてボールを奪い返すように心がけておかなければならない。
- 外側の4人組（C）は、内側のAがボールを奪った場合にパスを受けるためのポジショニングが必要となる。Aがボールを奪ったときにはBから離れた位置でボールを受けたいため外側のエリア（黄色）の奥行を利用するが、Bがパスをミスする可能性もあるため。そのときは内側のラインの近くにポジションをとっておき、ボールを奪った瞬間にBから離れるようにしたい。したがって、ボールの状況によって、近寄ったほうが良いのか、離れたほうが良いのか、を判断できるようにしなければならない。

## 課題となるタスク

　3人目の動きを意識したプレーができるようにする。攻守において、味方選手とのトライアングルが自然に形成できるようにする。

## オーガナイズ

　5対5（フィールドプレーヤー各5人、ゴールキーパー各1人）＋フリーマンを1人付けたSSGsを行う。ピッチサイズは、縦の長さはフットサルと同様だが横幅は広くする。

　ルールの制約は以下の2つとし、制約が破られた場合には、その時点から相手の間接フリーキックで再開する。

① パスを出した選手へのリターンは禁止する：リターンを禁止にすることで3人目の選手を探すことができなければドリブルしか選択肢がなくなる。

② シュートの前のプレーはワンタッチのみとする：シュートを打つための前提条件なので、選手はゴールを狙うために自然に3人目の動きを意識する。

　上記の制約があることで、パスを出した選手は次のプレーには関われない。数的不利な状況になるため、判断が遅れるなどの"難しい状況"になってしまった場合は、フリーマンをいれて数的同数な状況をつくりだす。

## 引き出したい動き

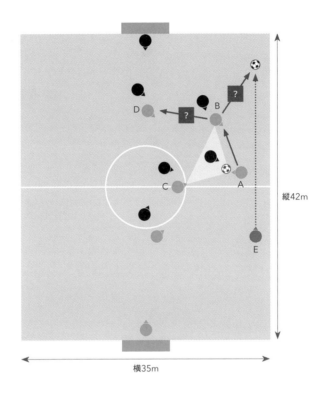

縦42m

横35m

　ボールを持ったAには、パスの出し先としてBとCという2
つの選択肢がある。

　AがBへのパスを選んだ場合、パスを受けたBは制約によっ
てAにボールを戻すことはきない。後方のCにはマークが付い
ているため、Dへのパスで積極的にゴールを目指すか、オーバー
ラップしてきたフリーマンのEにパスを出すという選択肢が考
えられる。

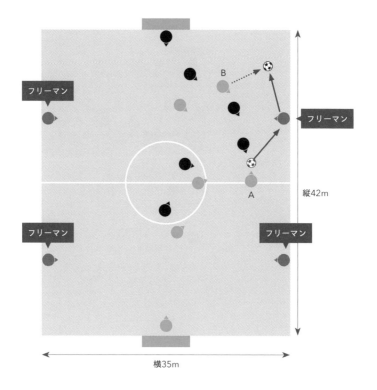

縦42m

横35m

　"リターン禁止"の制約を付けたフリーマンを各サイドに4
人配置する。

　この図では、ボールを持ったAは、パスコースがないためフリー
マンを使うが、フリーマンはリターンができないので、Bがボー
ルを受けるという3人目の動きを予測してパスを出している。

## 時間

　ゲームに近い形式であるため、実際のゲーム時間を設定して
も問題はないが、現象を引き出せなかったときにフリーズさせ
てコーチングをしてしまうことが考えられる。制約主導アプロー
チは、フリーズによるコーチングはしないことが基本であるた
め、短い時間で繰り返し行い、ゲーム間のインターバルで選手
だけのミーティングをさせ、互いに感じた事柄を共有するよう
にもっていく。狙い通りになってきたら時間を延ばせばよい。

▷例：4〜5分 → ミーティング → 4〜5分


## キーファクター（コーチングのポイント）

- ボールとのつながりを感じながら、常に3人目の動きを予測し
  ていること。見るものの優先順位をはっきりとさせる。見るも
  のとして、ボール、ゴール、相手の選手、味方の選手が考えら
  れるが、ボールは優先順位を下げても選手は無意識にボールの
  状況は見るため、それ以外の3つの優先順位をハッキリとさせる。
- パスの出し先は、相手選手のリアクションを見て選択すること。
- フリーマンを投入しても狙い通りにならない場合は"リター
  ンは1回のみ可（連続でのリターンは不可）"の制約をつける。ただし、
  1回リターンをしてしまうと次のプレーヤーはリターンが使え
  なくなるため、安易にリターンの選択をすると次のプレーヤー
  が苦しい状況に追い込まれることを理解していなければなら
  ない。

## Training Menu 09

### 課題となるタスク

　選手一人ひとりのボールタッチ数を増やして、局面が増える
ようにする。

### オーガナイズ

　フットサルコートのサイズでゴールキーパーなしの6対6の
SSGsを行い、ボールは複数個（2個など）使用する。

　ゴールキーパーを付けると、ゴールのサイズは自然と大きく
なる。目標物が大きくなると、ボールを持った選手はゴールを
狙うことに目を奪われる。もちろんサッカーではそれが正解な
のだが、このSSGsでは "コースを狙ってゴールを決める" た
めの動作を引き出したいわけではない。"仲間との連携したプ
レー" を意識させたいのでゴールに制約を設ける。

## 引き出したい動き

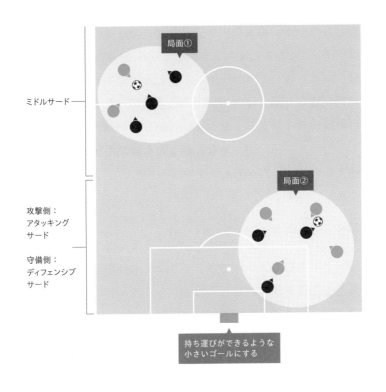

ミドルサード

局面①

攻撃側：
アタッキング
サード

守備側：
ディフェンシブ
サード

局面②

持ち運びができるような
小さいゴールにする

- 局面①は攻撃側（緑）が数的劣位な状態であり、場所がミドル
  サードであることからボールを奪われないことを心がける。
- 局面②は攻撃側（緑）が数的優位な状態であり、場所がアタッ
  キングサードなので、ゴールに向かって積極的に仕掛ける。

## 時間

　ゲームに近い形式であるため、実際のゲーム時間を設定して
も問題はないが、現象を引き出せなかったときにフリーズさせ
てコーチングをしてしまうことが考えられる。制約主導アプロー
チは、フリーズによるコーチングはしないことが基本であるた
め、短い時間で繰り返し行い、ゲーム間のインターバルで選手
だけのミーティングをさせ、互いに感じた事柄を共有するよう
にもっていく。狙い通りになってきたら時間を延ばせばよい。

▷例：4〜5分 → ミーティング → 4〜5分

## キーファクター（コーチングのポイント）

　局面を考慮してプレーできるようにする。局面を判断の基準
で考えると以下があげられる。

- 数的な状況（数的優位・数的劣位、同数）に関する局面
- ボールの状況（保持している、保持していない）に関する局面
- 場所（アタッキングサード・ミドルサード・ディフェンシブサード）に
  関する局面

## Training Menu 10

### 課題となるタスク

　プレーを中央から縦方向へと進めるのではなく、横方向（サイド）を使う必要性も認識できるようにする。

### オーガナイズ

　8対8（フィールドプレーヤー各8人、ゴールキーパー各1人）のSSGsを行う。
　制約としてサイドにエリアを設ける。このエリアでプレーができるのは、攻撃の選手は2人、守備の選手は1人という人数制限をつける。サイドが攻撃の数的優位な状況となるため、中央での攻撃に煮詰まったときにサイドを一度経由することを覚える。

## 引き出したい動き

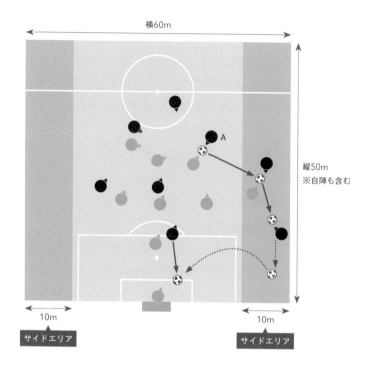

横60m

縦50m
※自陣も含む

10m

サイドエリア

10m

サイドエリア

A

　ボールを持ったAは縦に進行したいが行き詰まってしまったので、一度中央を捨てて数的優位な状況が確立できている左サイドのエリアを使う。

## 時間

　ゲームに近い形式であるため、実際のゲーム時間を設定しても問題はないが、現象を引き出せなかったときにフリーズさせてコーチングをしてしまうことが考えられる。制約主導アプロー

チは、フリーズによるコーチングはしないことが基本であるため、短い時間で繰り返し行い、ゲーム間のインターバルで選手だけのミーティングをさせ、互いに感じた事柄を共有するようにもっていく。狙い通りになってきたら時間を延ばせばよい。

▷例：4〜5分 → ミーティング → 4〜5分

## キーファクター（コーチングのポイント）

① 攻撃の優先順位は"①中 ②外"であることを忘れない。数的優位な状況がつくれるからといって、外からばかり攻めないこと、常に中の状況を確認し、いつでも中で攻撃ができるようなボールの置き位置であること。

② ボールが置かれた状況に応じたサポートが行えるようにする。中からでも崩せると判断したときには中でサポートをし、中が混みあっていれば外でサポートする。

# 第3章

スモールサイドゲーム
実践レポート

# 3 スモールサイドゲーム実践レポート

　日本における SSGs の研究も盛んにおこなわれています。私が所属する筑波大学大学院サッカーコーチング論研究室でも**「サッカーの SSGs における制約がもたらす効果と得点方法の制約が攻撃アクションに及ぼす影響」**と題した修士論文が提出されています。

　とても興味深い内容となっていますので、読者のみなさんに紹介したく、執筆者の許可をとった上で、ここに掲載しました。ぜひ一読してみてください。

## 先行研究の課題と本研究の目的

　サッカーのトレーニングにおける先行研究では、ラインゴール、ダブルゴール、シングルゴールのようにゴールに様々な制約を設けたものが多く行われてきているが、実際の指導現場では他の制約も多く採用されている。例えば、ゲートを設けてその間を通過するルールであるゲートゴールは、JFA や FIFA のトレーニングメニューでも攻撃のプレーアクションを改善するトレーニングメニューの1つとして紹介されることが多い。

ゲートを設けたトレーニング・オーガナイズは守備であれば、人数が増えてもチャレンジ・アンド・カバーのポジショニングを行うこと、抜かれてもすぐカバーに入れるようにすること。攻撃であれば、守備のポジショニングを把握し、薄いサイドを突くことが求められる。(島田2009)

　つまりゲートゴールはラインゴールと比較すると、攻撃においても守備においてもアクションの様相が変化することが予測されることになる。しかしながら、ゲートゴールに関する研究は、いまだに行われていない。さらに同じ制約を設けても熟達度によりプレーの様相は異なり、ひとつのカテゴリーでのプレーからトレーニングの特徴を判断することは難しいと考える。

　以上のことから、本研究の目的は、サッカーのトレーニング方法のひとつであるSSGsにおけるゴールの設定の違い（ラインゴールまたはゲートゴール）ならびに熟達度の違い（熟達群または準熟達群）が、攻撃アクションの様相に与える影響を明らかにすることである。

## ■ 調査方法

### 1.対象

本研究の対象者は関東大学サッカーリーグ1部に所属する以下の選手である。
• 2軍の選手16 名（平均年齢：21歳、平均身長：173cm、平均体重：68kg）
• 5軍の選手16 名（平均年齢：19歳、平均身長：170cm、平均体重：66kg）

## 2. 方法

被験者は、2軍の選手16人を熟達群、5軍の選手16人を準熟達群とした。4人対4人のSSGsを2種類用意し、1日目にライン条件、2日目にゲート条件によるSSGsを行った。なお、試合前と試合中の指示やコーチングはしていない。

### 【SSGs①】ライン条件の制約　※図1参照

（実施日時：11月7日、天候：晴れ、気温：18.0℃）
攻撃方向に引かれたラインをドリブル（2タッチ以上）で通過しなければならない。

### 【SSGs②】ゲート条件の制約　※図2参照

（実施日時：11月8日、天候：晴れ、気温：13.4℃）
攻撃方向のライン上に幅4mのゲートを5つ設置し、突破はゲートをドリブル（2タッチ以上）で通過しなければならない。

### 【共通ルール】

- コートサイズ：縦33m×横40.32m
- 時間：試合4分間、休息4分間
- オフサイド：ピッチの半分（16.5m）の地点から
- 審判員：主審1名、副審2名ずつ配置
- 再開方法：タッチラインを出た際にはキックインもしくはパスインで再開。得点した際には得点したチーム側のゴールラインからドリブルイン、もしくはパスインでの再開
- コーナーキック：採用せず。コーナーキックになった場合には、

最後にボールに触れていないチームのゴールラインからキックインもしくはパスインでの再開
・アウトオブプレー：プレーの中断時間を短くするために、待機している選手に素早くボールを補充してもらうよう教示した

**図1** **SSGs①　ライン条件の制約**

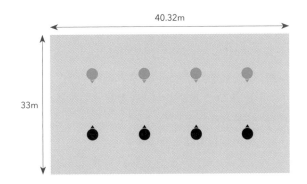

**図2** **SSGs②　ゲート条件の制約**

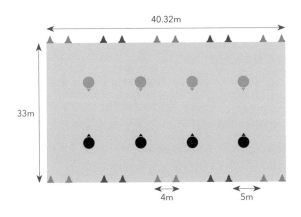

## ■ 測定項目

攻撃のアクションは、先行研究（Caso et al、2020; Craig et al、2016; 安藤、2018）をもとに以下の項目を設定した。

### 【オン・ザ・ボール】

1. パス数（前方、横方向、後方）：パスの方向は先行研究に則ったもの**(図3参照)**
2. ディフェンダーの間へのパス：相手守備の2人以上の間を通過したパス　※ディフェンダーの間へのパスは前方向へのパスとした
3. ドリブル（前方、横方向、後方）：ボールを持って移動しながら3タッチ以上ボールに触れる
4. ターン：ボールの進行方向を変える

### 【オフ・ザ・ボール】

1. 背後への動き：相手後方のラインに向かって相手ディフェンスラインの背後へ走り込む動き
2. ダイアゴナルラン：コートの中央からサイドあるいはその逆に斜めに走る（あるいは横切る）動き　※ダイアゴナルランは背後への動きのひとつとして計測した
3. プルアウェイ：ボールから遠ざかりディフェンダーの視野から消える動き　※プルアウェイは背後への動きのひとつとして計測した
4. オーバーラップ：味方のプレーヤーにボールを送り、そのプレーヤーを越えてボールを受ける動き
5. クロスオーバー：2人の選手が互いに逆方向に走りながら交差する動き

## 図3　パス方向

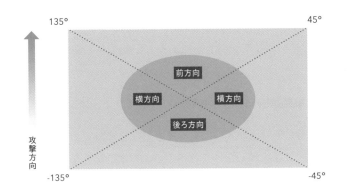

135°　　　　　　　　　　　　　　　45°

前方向

横方向　　　　横方向

後ろ方向

攻撃方向

-135°　　　　　　　　　　　　　-45°

# ■ 結果

### 【第1節】課題の変更によるパフォーマンスの差異

　ライン条件とゲート条件による攻撃アクションの回数を比較したところ、以下のような結果となった。

- 横方向へのパス：ライン条件がゲート条件より多い
- ダイアゴナルラン：ライン条件がゲート条件より多い
- 横方向へのドリブル：ゲート条件がライン条件より多い
- ターンの回数：ゲート条件がライン条件より多い

### 【第2節】熟達群における課題間によるパフォーマンスの差異

　熟達群におけるライン条件およびゲート条件における攻撃アクションの回数を比較したところ以下のような結果となった。

- 横方向へのパス：ライン条件がゲート条件より多い

- ダイアゴナルラン：ライン条件がゲート条件より多い
- 後方へのドリブル：ライン条件がゲート条件より多い
- 後方へのパス：ゲート条件がライン条件より多い
- ターン：ゲート条件がライン条件より多い
- クロスオーバー：ゲート条件がライン条件より多い

## 【第3節】準熟達群における課題間によるパフォーマンスの差異

　準熟達群におけるライン条件およびゲート条件における攻撃アクションの回数を比較したところ以下のような結果となった。
- 熟達群と同じ結果
  - 横方向へのパス：ライン条件がゲート条件より多い
  - ダイアゴナルラン：ライン条件がゲート条件より多い
- 熟達群と異なる結果
  - 後方へパス：ライン条件がゲート条件より多い
- 準熟達群だけの結果
  - 横方向へのドリブル：ゲート条件がライン条件より多い
  - ターン：ゲート条件がライン条件より多い

## 【第4節】熟達度と課題の関係性

　条件および群間における効果を検証したところ、ダイアゴナルランにおいては、ライン条件で主効果が見られた。また、横方向へのドリブル、ターン、背後への動き、クロスオーバーでは、ゲート条件において効果が見られた。
　一方で、熟達群の主効果が見られたのは、背後への動きとクロスオーバーの2項目であり、準熟達群においては、主効果を見られた項目はなかった。背後への動きとクロスオーバーについては、条件および群間の主効果は有意であったが、交互作用は見られなかった。さ

らに後方へのパスについては交互作用が見られた。

# ■ 考察

### 【第1節】課題間による比較

　ライン条件では横方向へのパスが増加する傾向にあるとされ、本
研究でも同様にゲート条件と比較して横方向へパスが多いことが明
らかになった。(Almeida 2016)。その要因としては、ライン条件は突
破できる場所に制限がなく広範囲に渡ることから、攻撃側が守備者
から遠い位置でボールを受けて突破を試みるからである。

　そのため幅を取るアクションが増え、その選手にパスを届けよう
としたことで横方向へのパスが増えたことが考えられる。

　また、ライン条件でダイアゴナルランの数が増加した要因として、
ライン条件は通常のルールよりも守備の距離が広くなったことによ
り、攻撃者がディフェンス間での背後の動きを試みたのではないか
と考えることができる。(Almeida 2013)

　次にゲート条件で横方向へのドリブルとターンが増加した理由と
しては、守備側の変化が要因として挙げられる。ゲート条件では、ボー
ルがある地点に近いゲートから守るため、攻撃側はこのゲートが手
薄になっているか探さなければならない。(島田 2009)

　したがって、ボールを保持している選手は横方向へのドリブルで、
ゲートを探し、ゲートが守られていればターンを選択したことが考
えられる。また、背後への動きとクロスオーバーの数がゲート条件
で増加した要因は、横方向へのドリブルが増えたことにより、1人
当たりのドリブル時間の増加が予測され、ボールを持っていない選
手が相手ディフェンダーの背後へのアクションのタイミングを伺い
やすくなったことにより、背後への動きが増加したと考えられる。

同様に、1人がボールを持つ時間が増えたことにより、ボールを持っている選手に対してのサポートのアクションとしてクロスオーバーの数が増えたことが挙げられる。ライン条件とゲート条件の突破数に熟達群、準熟達群ともに差がないことから、ゲート条件は横方向へのドリブル、ターン、背後への動き、クロスオーバーを選手にアフォードした（与えた）ことになる。

　横方向へのドリブル、ターン、背後への動きはライン条件よりも増加した点から、ゲート条件のトレーニングでは、適切なタイミングでのオフ・ザ・ボールの動き出し、その選手に対してのパスアクション、パスを出すためにボールを失わないでドリブルをすること、さらには、プレーの判断を変えることを改善するためのトレーニングとして有効であると考えられる。


## 【第2節】熟達度間による比較

　熟達群と準熟達群におけるライン条件とゲート条件でのアクションの違いを比較した。結果として、総アクション数が104回増加した。攻撃する際は、熟達度の高い方がボールを保持するため、一人ひとりのアクションが増加することや、熟達度の高い方がオフ・ザ・ボールのアクションが増加することが考えられる。

　後方へのドリブルが熟達群で有意であった点に関しては、守備側の選手の様相の変化が影響したのではないかと考えられる。熟達群におけるライン条件では、守備側は半分よりも高い位置から守備を行っていて、それに伴いボールを持っている選手は前方へのプレーの選択ができず、ボールを失わないための選択のひとつとして後方へのドリブルを選択したと考えられる。

　背後への動きとクロスオーバーに関しては、ゲート条件への変更により、熟達群でより大きく増加した。その要因として、熟達度の高い方が繰り返しスプリントできることや、フィジカル能力が優れ

ていることから（Dellal et al. 2012）、より多くのオフ・ザ・ボールの
アクションを行うことができたのではないかと考えられる。

　クロスオーバーに関しても、熟達度が高くなるとボールを保持
するためのサポートアクションが増えたのではないかと考える。
Almeida（2013）

　一方で、ライン条件からゲート条件への変更、さらに熟達群と比
較して準熟達群では、課題の変更によりダイアゴナルランの回数が
減ることが明らかになった。ゲート条件でダイアゴナルランの回数
が減少した理由として、突破できる範囲が減少したことが要因であ
ると考えられる。ダイアゴナルランは、パスの出し手とタイミング
があった時にのみ機能するため、競技レベルの高いチームの方が機
能し、ダイアゴナルランは守備を迷わせ、攻撃側にスペースを作る
と述べられている。（Soccer Help、2018）　本研究でも同様に、熟達度
の低い方がダイアゴナルランの数が減少した。

　さらに、準熟達群において大きく減少した理由としては、ライン
条件よりも撤退し守備を行ったことにより、守備の背後にスペース
ができなかったことが考えられる。

　後方へのパスは、ライン条件からゲート条件への変更により熟達
群は増加したのにもかかわらず、準熟達群では減少した。

　熟達群では、ライン条件からゲート条件に変更したことによりター
ンの数が増加したことと同様に、ゲート条件では特定のプレーをや
め、ターンを行った後にサポートをしてきた選手にパスを出す選択
を行ったのではないかと考えられる。しかしながら、準熟達群では、
ボールを保持するためのオフ・ザ・ボールのアクションが少なかっ
たことにより、ターンをしても ボールを失ってしまう、もしくは、
無理矢理突破を試みてボールを失ってしまったと考えられる。

　この研究でも、熟達度の低い方はより速い攻撃を行う傾向にあり、
熟達度の高い方はボールを保持するためのアクションが頻発し、よ
り遅い攻撃をする傾向にあった。測定項目を分析した結果から、ラ

イン条件からゲート条件への変更により、ほとんどのアクションで熟達群と準熟達群で増減に差異は見られず、後方のアクションのみ交互作用が見られたことから、このわずかなアクション数の差異には、個体によるアフォーダンスの差異が現れていると考えられる。

したがって、指導者は詳細に選手の特徴や能力を見極め、トレーニングのプランニングを行わなければならない。

## ■ 総括

### 【第1節】結論

本研究の目的は、サッカーのトレーニングにおける SSGs（制約主導型アプローチ）について着目し、ゲートを設けることおよび熟達度の違いにより、攻撃の技術的パフォーマンスにどのように影響を与え、どのような違いが出るのかを明らかにすることである。くわえて、各条件のゲーム様相を考察することで、トレーニングメニューを作成する際の一助とすることである。その結果として、本研究で得られた各条件の効果や考えられるゲーム様相を示す。

ライン条件では横方向へのパス回数が多くなったことから、幅を使った攻撃を改善するトレーニングのひとつとして有効であると考えられる。一方で、ゲート条件は横方向へのドリブル、ターンの回数が多くなった。このことから、相手守備の状況に合わせてタイミングよく突破を試みる技術を改善すること、もしくは突破のタイミングが合わなかった時にやり直すプレーを選択する技術改善のトレーニングのひとつとしてゲートを設けることが有効的なのではないかと考えることができる。

また、熟達度が高くなると、総アクション、背後への動き、クロスオーバーの数が増えたことから、熟達度の高い方がトレーニングのオー

ガナイズが変わったことに対してオン・ザ・ボール、オフ・ザ・ボールともに敏感であるということが考えられる。さらに、後方へのパスにおいては、ライン条件からゲート条件への変更により、熟達群では増加し準熟達群は減少するといった交互作用が見られた。以上のことから、熟達群はよりボールを保持しながら攻撃し、準熟達群ではより早く突破を試みたと考えることができる。よって、指導者は同様のオーガナイズのトレーニングをも言い続けるのではなく、熟達度や、選手の特徴を分析しトレーニングのオーガナイズを設定しなければならない。

## 【第2節】本研究の課題

　本研究では大学サッカーの選手を対象としたが、緒言で述べたように選手が所属する環境や置かれている状況、選手の身長、体重、さらには大学生ではなく、高校生や中学生に同様のトレーニングを行う場合は異なる現象が起きるかもしれない。

　今回はピッチサイズの基準を縦33m×横40mとし、ゲート条件では攻撃方向に5つのゲート（合計10個）を設けたが、ピッチサイズ、人数、ゲートの数によっても異なる現象が出ると考えられる。

　本研究では、攻撃における技術的パフォーマンスのデータのみの測定であったが、守備における技術的パフォーマンスのデータを測定することで攻撃のプレーの様相は具体化され、ゲートを設けたトレーニングで改善可能なプレーをより明確にすることができると考える。

　SSGsは、ルールの設定やピッチサイズの調整によって様々なトレーニング効果が期待される。経験のある指導者は適切に設定を行うことができるかもしれないが、経験の浅い指導者にはSSGsの研究によって得られる知見が必要だと考えられる。引き続き、プレーレベルやサッカー経験の有無を問わず、SSGsの効果を比較・検討していくことが必要である。

# INTERVIEW

<u>**特別対談 2**</u>

## 他競技から学ぶサッカーの競技性

# 吉村 晃×内藤清志

　ハンドボール指導者・吉村晃氏と著者・内藤清志との異競技指導者による対談が実現した。両競技は、ハンド（手）とフット（足）で違いはあるものの共通点が多い。競技性の類似点と相違点を語りながら、トレーニングの着想を得る。

## 対談2 他競技から学ぶサッカーの競技性

### 吉村 晃 × 内藤清志

**吉村 晃** (よしむら・あきら)

　1984年10月30日生まれ。愛知県出身。ハンドボール日本代表での指導経験をもち、2022年からは日本ハンドボールリーグ・富山ドリームスで監督を務める。2012年にはハンドボールの本場・デンマークにコーチ留学。自身のブログ (AY-COPENHAGEN ハンドボール化するサッカー) ではハンドボールとサッカーの類似性や戦術に関して執筆もしている。

## ハンドボールのシュートシーンには
## 駆け引きのヒントが詰まっている

**内藤**　僕は、他の競技の指導者と話をしたり練習を見学したりするのが好きなので、今回の対談を楽しみにしていました。吉村さんは、どのようにしてハンドボールの練習を組み立てられているのですか。

吉村 ハンドボールの練習はサッカーと似ている部分もありますが、ワンシーンを切り取った練習をあまりしないところが違う点かもしれません。

　サッカーのようにポジションや状況に応じたピンポイントのトレーニングではなくて、コートプレーヤーの人数を4対4だとか試合と同じように6対6にして、ゲーム形式のトレーニングを行うという感じです。

内藤 やはり、そうでしたか。サッカーは足でプレーする競技なので、1日のトレーニングの序盤では、足で操作をする技術系のトレーニングに重点を置く指導者が多いのです。

　しかし、ハンドボールのように手でボールを扱う競技ではボール操作にエラーが起こりにくいと思うので、最初から相手に対してどう対処するかというゲーム形式のトレーニングが主体になるのだろうなと練習を見て感じていました。

吉村 ただ、ハンドボールのトレーニング方法というのは、もう数十年も前から変わることがない。同じアプローチが多いんですね。手法に行き詰っているといえるのかもしれません。サッカーは新しいトレーニングの概念が次々にでてきますよね。

内藤 そういえば、ハンドボールのトレーニングを見ていて、サッカーのヒントになりそうなところがありました。それはシュートの練習です。

サッカーでもゴールキーパーを付けてシュートのトレーニングを行うことが多いですが、ゴールが大きいこともあり、キーパーを単なる障害物と捉え、空いているところに強いキックをするトレーニングという印象です。

ハンドボールだと、同じようなシチュエーションで、コートプレーヤーがゴールキーパーのタイミングをずらしたり、ゴールキーパーの位置をずらしておいてコースを狙ったりする。ああいったハンドボールのシュートの局面は、すごいヒントが詰まっている気がしましたね。

**吉村**　シュートの練習は、内藤さんがおっしゃったように駆け引きの要素は多いですね。ハンドボールのシュートは大学生くらいになると"**ミスが起きる**"という定義が難しいんです。そもそもシュートを打つ前にパスのボールを受ける必要があって、このキャッチができないとミスになるわけですが、これはできる（ミスをしない）ことが前提です。

パスキャッチの技術を向上させるためのボールハンドリングの練習というのはありますが、サッカーのパス練習だと、ファーストタッチでのボールの置きどころが大切ですよね。

ハンドボールでは、良いパスも悪いパスも自在にキャッチできる力をつけることが大事です。パスの出し手にしても、パスの角度や速度をちゃんと計算できることが大切です。これがずれてしまいキャッチをミスすると、コートが狭いのでたちまち相手ボールになってしまうわけですね。

内藤　ハンドボールのシュートレンジはどのくらいですか?

吉村　ゴールから6メートルのところにラインが引かれていて、これより外からシュートを打たないといけません。
あとは9メートルのところにフリースローのラインがあるのですが、だいたいその9から10メートルくらい離れたところから打つシュートはロングシュートと分類されています。

内藤　ハンドボールにもロングシュートってあるんですね!

吉村　はい、あります。ロングシュートに関しては、サッカーで例えると、かつてイングランド代表だったスティーヴン・ジェラードやフランク・ランパードのミドルシュートですね。
あの強烈なキックがハンドボールのロングシュートのイメージに近いですよ。イングランドや北欧の選手に多いんじゃないですか。ハンドボールでも北欧の選手はロングスローによるシュートが得意です。

内藤　ヨーロッパは環境的な制約によるところが大きいですね。イングランドも昔は地面が悪かったのでグラウンダーのボールよりも浮き球を放り込むのが多かった。
北欧にしてもそうですね。地盤が緩いので軸足をしっかり踏み込んで蹴らないといけない。そのような影響からか昔からキックがうまい選手が育っています。
吉村さん、かなりサッカーがお好きですね (笑)。

吉村　　　かなり見ていますよ。サッカーは小学生のときにやっていたのですが、そこからハンドボールに移ったとはいえ、サッカーは変わらずに好きですね。ハンドボールよりもサッカーのほうが面白いと思うくらいです（笑）。

　　　でも、ハンドボールの世界に身を置くようになって、日本代表の育成年代のカテゴリーからフル代表の指導まで務めたことで、世界の様々な国のハンドボールも見てきましたが、スペインだとか、ヨーロッパでサッカーが強い国は、だいたいハンドボールも強いです。スポーツの考え方として似ているところがあるんでしょうね。

内藤　　　バルセロナなどは、まさにそうですよね。ペップ・グアルディオラが監督だったころなどは人がボールを追いかけるのではなくて、ボールが人を追いかけていくサッカーでしたよね。まさにハンドボールのようでした。

## スキルフルが求められるハンドボールと偶然性の高いサッカー

内藤　　　このようにハンドボールとサッカーを比べて考えてみると、ハンドボールは手でボールを扱うことでミスが起こりにくいスポーツなのですね。だから攻撃のターンになったときにシュートを決めきることが重要になりますよね。

　　　でも、サッカーは攻撃のターンという考え方もしないですし、得点がたくさん入るということも考えにくい。

よく「得点がたくさん入るスポーツは番狂わせが起こりにくい」と言われますが、サッカーは番狂わせが起こりやすいスポーツということになります。

**吉村**　それはすごく思います。サッカーは、予期せぬところにボールが転がってしまったことで、先手を取っていたはずが、一気に後手になってしまうことのあるスポーツですよね。

　あとは、トランプのババ抜きで例えると一瞬で自分がババをひいたような状況に陥ったり、逆に一瞬で人生を変えるようなボールが自分の目の前に転がってきたりというのも起こりやすいですよね。けれども、そのチャンスを確実にものにするのもひとつの才能なわけです。

　そういう意味で、古い例えですが僕は元イタリア代表のフィリッポ・インザーギは天才だと思います。テクニックやスピードがあるわけではなくて、決してうまいプレーヤーではないけれど圧倒的な決定力を誇るストライカーですから。ゴールキーパーからしたら一番嫌なタイプではないでしょうか。

**内藤**　サッカーは偶然性の高いスポーツですので、吉村さんがおっしゃっていることはよく理解できます。言い方は悪いですが、自分のことを下手だと思っているフォワードほど厄介な選手はいないものです。

　偶然性にかけてくるわけですからね。僕がプレーヤーだったときも指導者になってからもそう感じています。偶然性といえば、昨今は高校サッカーのロングスローが物議を

かもしましたが、あのロングスローに対しては、どれだけ強いチームであっても失点してしまう可能性はあります。

　コーナーキックと同じような軌道で、しかも手で行えるわけですから、デザインして練習を行うことができます。そのうえ、ロングスローを得意としているチームは、さらにその後のゴール前で発生するセカンドボールに対する反応や予測に秀でている印象を受けます。

　こういった偶然性はサッカーのルールにより排除できないものですが、その偶然性を排除したいのであれば、極論かもしれませんが、相手にコーナーキックやスローインを与えないサッカーを展開することです。

**吉村**　やはり足でボールを扱うのは難しいのでしょう。高校サッカー選手権などで青森山田高校のまるでセンタリングのようなロングスローを見ていると、ボールを手で扱うことの精度の高さを改めて感じましたね。完璧な角度のセンタリングとして、ほぼ狙ったところにボールを安定して投げ込むことができている。

内藤　トレーニングの話に戻ると、ハンドボールやバスケットボールのようにボールを手で扱うスポーツは、パスやシュートもこのロングスローのように精度が高いので、タスクを分解したトレーニングではなく、ゲーム形式の練習を最初からやっても成り立つということですよね。

　サッカーの研究でも、パス練習だけ取り組んできたグループと実戦形式でボール回しをやっていたグループでは、試合でのパスミスが、ボール回しをやっていたグルー

プの方が少なかったという結果がでています。パス練習
だけやっていたグループは実戦で練習と違ったシチュエー
ションになると対応できずにパスミスが起きてしまうと
いうということです。

**吉村**　面白い結果ですね。

**内藤**　だから練習のときからゲーム形式でやりましょうと
いうことなのですが、それではサッカーの初心者も最
初からゲームだけやればいいのかというと、サッカー
をはじめたばかりのビギナーは、そもそも足でボール
を扱うことが難しいのですからゲームが成り立たない
わけです。
　そこではじめのうちは、止める、蹴るといった練習を
相手のプレッシャーを感じないような状況下で行うのも
効果があるのだと研究結果には付け加えられていました。
そのようなことから初心者も、手でボールを扱うハンド
ボールとかバスケットボールであれば、投げる、キャッ
チする、といった技術的なハードルはそれほど高くない
ので、いきなりゲーム形式の練習をするのも理にかなっ
ているわけですね。

## 利き手と利き足の違い

**内藤**　少し話はそれますが、サッカーではタスク分解のトレー
ニングなどにおいて、必ず○○足でコントロールするよ

うにという制約を付け加える指導を見ることがあります。

　どちらの足も自由に使えたらプレーの選択肢が増えるというのが理由のひとつにあるようなのですが、ハンドボールのように手を使うスポーツでも両方の手を自由に使えるようにするためのトレーニングはされるものなのでしょうか?

**吉村**　結論から先に言ってしまうと、利き手の制限をするトレーニングはありません。手というのは人体のなかでも細かい動きのできる部位なのですが、その人にとって使いやすい手（利き手）のほうが器用さや運動能力は圧倒的に優れているはずです。だからハンドボールのような手を使った競技は、ほぼ利き手が使われます。

**内藤**　手の能力が利き手だと90パーセントあったとしても、逆の手だと0パーセントくらい。ほぼ使えないという感じですね。足であれば利き足の能力が90パーセントくらいなら、逆足も自然と20パーセントくらいは備わってくる。そう考えると、足の方が咄嗟のプレーの選択肢は多くできるかもしれませんね。

**吉村**　そうなんです。手というものは便利ではあるのですが、同時に不便でもあるものなんです。足という部位はどちらかというと左右の違いが曖昧なところがある。右足とか左足はあまりかっちりしていない。手は使いやすいほうが"**絶対**"になってしまう。

　ハンドボールのトップレベルの選手であれば、とっさ

の判断で逆の手を使ってシュートしたり、パスを出したりすることはありますが、それ以外は考えられないでしょうね。

パスのコントロールやシュートのテクニック、あとはタイミングとかも利き手だったら簡単にいろいろなことを引き出せるけれども、逆の手だと残念だなというくらいですよ。

内藤　スポーツに限らず利き手に関する研究はあらゆる分野でされていますが、ハンドボールのようなスポーツの選手が子どものころから両方の手を均等に使えるようになったら両利きになるのかなと考えたりもします。

吉村　確かに人間の根本的なところになりますよね。でも、子どものうちに両手を使って箸や鉛筆のトレーニングをして両手が自由に使えるようになるのだとしたら、ハンドボール界は進化するでしょうね。

なかには「両方の手が使える！」という子もいますけれど、実際のところ、逆の手はちょっとだけ使える程度なんですよ。

内藤　サッカーでも、ボールテクニックやキック力が左右の足で均等にある子はいないですね。サッカーの子どもたちが「僕は両利きだよ！」って言ってくるんですけれど、そんなときは冗談まじりに「両利きじゃなくて"**両方利かない**"なんだから、利き足をもっと練習しなよ」って返すんです（笑）。

## 攻撃が有利なハンドボールで
## ロンドをやるとどうなるか

**吉村**　僕は以前、サッカーのトレーニングでよく行われているロンドをハンドボールに転用したことがあるのですが、ロンドのような単純なパス回しを足ではなく手で行うとディフェンスはボールを奪えないんです。

　　　　4人のオフェンスに対してディフェンスが2人だとボールを奪えない。小さい子だとパスミスが多くなるからわかりませんが、中学生でも高校生でもそのような結果になるでしょうね。

**内藤**　ディフェンスがボールを奪えないのですか？

**吉村**　ロンドでのパスカットはできないです。リオネル・メッシとか、ワールドクラスの選手がロンドをやっているようなイメージをしてもらうといいかもしれません。ディフェンスは完全に遊ばれてしまう。

**内藤**　オフェンスのエラーが起こらないわけですね。僕がバスケットボールの指導者に話を聞いたときは、アウト・ナンバー・ゲームで数的劣位や数的優位にすると言っていましたが、ハンドボールもそのような感じなのですか？

**吉村**　そうですね。アウト・ナンバー・ゲームの考え方が

一般的です。ハンドボールでロンドをやるのならば、オフェンスにルール（制約）を設けてテクニカルエラーを引き出す必要がありますね。

　ある程度の制約をつけないと成り立ちません。コートを狭くするとか、ドリブルなしにしてパスだけにするという感じにして成立させます。

内藤　　圧倒的に攻撃が有利なんですね。

吉村　　ハンドボールは攻撃が有利です。ボールを持たれると、なかなか奪えません。1対1の局面でボールをもぎ取るようなことが頻発できればわかりませんが、実際には難しいですね。

内藤　　そうですよね。僕もハンドボールのゲームで、1対1のところでディフェンスがボールをもぎ取るというイメージは全くありません。

吉村　　エラーということを考えてみると、球技は狙ったところにボールをだすのが難しい。サッカー、ハンドボール、バスケットボールでも同じことです。

　観戦している人は「どうしてパスミスをするんだよ」って、たいしたことのないプレーだと考えているかもしれませんが、簡単なわけがないんです。

　ハンドボールも瞬時に判断して狙ったところに投げるわけですが、動きながらダーツの的を狙っているようなものです。たとえ手であったとしても難しいことに変わ

りはありません。だからディフェンスからしたら、プレスをかけてワンサイドカットするなどパスミスを誘うプレーは意識します。

内藤　守備の連動ですね。

**吉村**　そうですね。ハンドボールはシュートを打たせてしまうとゴールになる確率は高いので、手もとに収まらないようなパスを投げさせるとシュートを打つのを防ぐことができる。このようなオフェンスのミスをつくのもハンドボールのディフェンスのひとつになるでしょうね。

内藤　なるほど。ハンドボールはゲーム形式のトレーニングがメインということですが、ディフェンスのための対人練習はありますか？

**吉村**　1対1はやるのですが、サッカーのようにボールを奪うまでにはなりません。どちらかというとラグビーに近いですね。ハンドボールのディフェンスは、オフェンスの進路を体でふさいで勢いを止めます。

　サッカーのように無限にドリブルができませんから、歩数の上限である3歩に達してしまうとオフェンスは動けなくなるわけです。

　しかし、そこからパスをつながれてしまうと崩れてしまう。なので、パスを出される前にボールをもぎとれないかというのは考えますね。サッカーでドリブルをしているときに、ディフェンダーが体を寄せていって相手の

足からボールが離れた瞬間にボールを奪うようなことがハンドボールでもできないものかと、サッカーの試合を見ながら考えることがあります。

内藤　ハンドボールの歩数の制限は、サッカーのSSGsでいえば制約操作にあたるわけで、例えばサッカーでハンドボールのようなディフェンスの動きを引き出したいときには、歩数の制約を設ければ再現できるわけですね。

吉村　先ほど、ハンドボールのロンドは成立しないと言いましたけれど、ロンドをやって良かったのは、ハンドボールよりもサッカーの選手のほうが考えるスピードが速いということがわかったことです。

　"考え"というか"思いつき"というか、サッカーは相手にボールをとられることが当たり前にあるので、瞬間的に判断しなければならないからなのでしょう。ハンドボールはドリブルの歩数制限が3歩であったり、選手一人のボールの保有時間が3秒までだったりとルールで決まっているので、それ以上のことを考えなくなってしまう。

　でも制約を設けたロンドだと一瞬で次の判断をしないといけないので、そこの部分を考えると、とても良い練習になると感じました。

内藤　ハンドボールは、ワンタッチでパスを処理するのが難しいですよね。たいていの場合は手でボールをつかむという動作が必要になってくる。

　足の場合は足元で奪われる可能性もあるし、ワンタッ

チでかなり遠くまでボールを蹴ることもできますから、そういう意味でもサッカーは事前に周囲の状況を把握しておく必要があるのでしょう。

**吉村**　足でボールを扱うという、人間にとって不安定な動作を補うために頭脳が素早い準備をするようになるのかもしれません。そのような考えからも制約を操作したSSGsに取り組む意義はあるでしょうね。

**内藤**　ハンドボールの指導者から見ても、SSGsはサッカーらしさを追求するツールとして優れた要素があるということですね。

**吉村**　内藤さんのお話を聞いてみて、すごく良いことだと感じました。サッカーという競技の全体像を理解するのにも役立つのではないでしょうか。

　　　　ハンドボールでも、トレーニングの意味を理解している選手もいれば、理解できていない選手もいます。実戦形式のトレーニングに制約だけ設けておいて、選手がゲーム形式のトレーニングの中で自然にイメージできるようになれば成長も早いのでしょうね。

**内藤**　サッカーというゲームの全体像をつかむためには、ゲームの中からひとつの要素を切り取るよりも、SSGsのように人数を減らしたり、コートを小さくしたりという中に身を置けば無意識に習得できるのではないかと僕も感じています。

## おわりに

　つい先日、私はスモールサイドゲームの制約操作による変化を体感してきました。日本サッカー協会（JFA）主催のチューター研修会での出来事です。チューターとは、JFAの指導者養成講習会やリフレッシュ研修会の講師を担当する指導者のことです。そこで参加者のチューターを相手に「ボールを奪う」ことをテーマにした指導実践を行ったわけです。

　最初は中央にゴールがある設定で行ったのですが、守備者はシュートを警戒してゴール前を固めるようになりました。テーマである「ボールを奪う」ために前へと出てくるような現象は見られなかったのです。そこで、ゴールの方法をライン突破に切り替えると、シュートのようにボールだけラインを通過しても得点にならないという理由を理解した守備側のプレーヤーは、背後のスペース（ゴールを守ること）への不安が弱くなり、相手のプレーヤーを捕まえてボールを奪おうと前へと出てくるようになりました。

　子どもや初心者、育成年代の選手だけではなく、こうしたエキスパートに対してもスモールサイドゲームの制約操作は効果を発揮しました。だから読者のみなさんも、ぜひスモールサイドゲームを実践してみてください。その有効性を体験することができることでしょう。

　最後になりましたが、この本を出版するにあたり声をかけてくださったカンゼンの高橋さん、ライターの山本さんには大変お世話になりました。お二方のお力添えなくしてこの書籍は出来上がらなかったことでしょう。そして、私にサッカーに関わる様々な指導現場を提供してくださっている関彰商事株式会社のサッカー部であるセキショウFCのみなさん、筑波大学大学院サッカー方法論研究室のみなさん、茨城県サッカー協会指導普及委員会のみなさん、広島大学サッカー部のみなさん、レガーレFCのみなさん、私はみなさんと接することでいつもサッカーを純粋に好きでいることができます。本当に感謝しております。みなさんからお受けしたご恩を、これからの自身の活動でサッカー界に還元していきたいと思っております。

内藤清志

## 内藤清志 Kiyoshi Naito

1983年6月15日生まれ。広島県出身。筑波大学サッカーコーチング論研究室所属。2008年から2012年まで筑波大学蹴球部トップチームのヘッドコーチを務める。2010年からは同部トップチームの指揮を執りながら、サッカースクールやジュニアユースチームの指導を経験。現在は筑波大学の『サッカーコーチング論研究室』の研究活動の他にサッカーの強化・育成・普及活動を行っている。

| | |
|---|---|
| 構成・編集 | 山本 浩之 |
| ブックデザイン& DTP | 三谷 明里（ウラニワデザイン） |
| 編集 | 高橋 大地（株式会社カンゼン） |
| カバー PH | iStock |

# サッカー スモールサイドゲーム研究
課題を制約主導アプローチで解決するためのトレーニングデザイン入門

発行日　2024年4月11日　初版

著　者　内藤 清志

発行人　坪井 義哉

発行所　株式会社カンゼン

〒 101-0021
東京都千代田区外神田 2-7-1 開花ビル

TEL 03（5295）7723

FAX 03（5295）7725

https://www.kanzen.jp/

郵便為替 00150-7-130339

印刷・製本 株式会社シナノ

ご意見、ご感想に関しましては、kanso@kanzen.jp までEメールにてお寄せください。
お待ちしております。